GUÍA DID

CURSO DE ESPAÑOL PARA EXTRANJEROS

nuevo ele inicial 1

Virgilio Borobio

Proyecto didáctico
Equipo de Idiomas de Ediciones SM

Autor
Virgilio Borobio
Con la colaboración de Ramón Palencia

Diseño de cubierta
Alfonso Ruano
Julio Sánchez

Coordinación técnica
Ana García Herranz

Coordinación editorial
Aurora Centellas
Susana Gómez

Dirección editorial
Michelle Crick

Comercializa
Para el extranjero:
Ediciones SM - Joaquín Turina, 39 - 28044 Madrid (España)
Teléfono: 91 422 88 00 - Fax: 91 508 99 27

Para España:
CESMA, SA - Aguacate, 43 - 28044 Madrid (España)
Teléfono: 91 508 86 41 - Fax: 91 508 72 12

© Virgilio Borobio Carrera - Ediciones SM
ISBN: 84-348-7604-3 / Depósito legal: M-38906-2001
Imprenta SM - Joaquín Turina, 39 - 28044 Madrid / Impreso en España-*Printed in Spain*

ÍNDICE

INTRODUCCIÓN

Nuevo ELE inicial 1 es un curso de español dirigido a estudiantes adolescentes y adultos, y diseñado para ayudar al alumno a alcanzar un grado de competencia lingüística que le permita comunicarse de manera eficaz, en una serie de situaciones sociales y profesionales.

El curso está centrado en el alumno, a quien lleva a la reflexión sobre su propio proceso de aprendizaje a la vez que fomenta su autonomía y su confianza.

Materiales que componen el curso:

— Libro del alumno.
— Cuaderno de ejercicios.
— Guía didáctica.
— Casetes y CD con las grabaciones del Libro del alumno.
— Casete y CD con las grabaciones del Cuaderno de ejercicios.
— Vídeo y cuadernillo con explotación didáctica.

Libro del alumno

El libro del alumno está estructurado en tres bloques, cada uno de ellos formado por cinco lecciones más otra de repaso. Cada lección está articulada en torno a un centro de interés y cuenta con un apartado complementario en el que, bajo el título de **Descubre España y América Latina**, se tratan temas variados relacionados con los contenidos temáticos o lingüísticos propios de la lección. Las actividades incluidas en ese apartado permiten abordar y ampliar aspectos socioculturales de España y América Latina, complementan la base sociocultural aportada por el curso y posibilitan una práctica lingüística adicional.

Todas las lecciones presentan un cuadro final («Recuerda») donde se enuncian las **funciones comunicativas** tratadas en las mismas, con sus respectivos exponentes lingüísticos y los aspectos gramaticales que estos conllevan.

Al final del libro se incluye un **resumen de todos los contenidos gramaticales** del curso.

Cuaderno de ejercicios

Consta de quince lecciones con una amplia gama de ejercicios destinados a reforzar y ampliar el lenguaje presentado en el Libro del alumno. Dichos ejercicios han sido concebidos para trabajar de forma individual y pueden ser realizados en el aula o fuera de ella, según el criterio del profesor. Se incluyen, asimismo, ejercicios de práctica oral controlada, con las grabaciones correspondientes, y actividades de autoevaluación. Para facilitar la labor del profesor y el trabajo personal del alumno, las soluciones de los ejercicios aparecen al final del cuaderno.

Guía didáctica

La Guía didáctica presenta los principios metodológicos en los que se apoya el curso y sugerencias para realizar las actividades del Libro del alumno. También se sugieren actividades alternativas que el profesor decidirá si se llevan a cabo o no teniendo en cuenta el grado de adquisición de los contenidos por parte de los alumnos, sus necesidades, las características de los miembros de la clase (circunstancias personales, experiencias, ideas, inquietudes, etcétera), así como el hecho de si el curso tiene lugar en un país de habla hispana o no.

Excepto en la primera lección, en todas las demás se sugiere una actividad de «precalentamiento» que sirve para «romper el hielo», al principio de la clase, para activar a los alumnos, para repasar contenidos vistos en días anteriores o para introducir el tema que se va a tratar.

CONSIDERACIONES METODOLÓGICAS

Interacción

Nuevo ELE inicial 1 ha sido concebido desde una perspectiva comunicativa y se apoya en una metodología motivadora y variada, de contrastada validez, que fomenta la implicación del alumno en el uso creativo de la lengua a lo largo de su proceso de aprendizaje. Además, se ha puesto el máximo cuidado en la secuenciación didáctica de las diferentes actividades que conforman cada lección.

Integración de destrezas

El componente de las destrezas complementa el conocimiento léxico, gramatical y fonético, y desempeña un papel fundamental en el comportamiento lingüístico del alumno. En **Nuevo ELE inicial 1**, el tratamiento de las diferentes destrezas (comprensión auditiva, expresión oral, comprensión lectora, expresión escrita) y su integración constituyen un factor clave que contribuye decisivamente al desarrollo de la competencia comunicativa. La integración propuesta en el curso resulta natural, reproduciendo contextos naturales y situaciones de la vida real, lo que permite hacer un uso apropiado de la lengua.

Proceso de formación del alumno

Generalmente, el profesor ejerce un alto grado de control en el proceso de aprendizaje. **Nuevo ELE inicial 1**, en cambio, defiende la necesidad de que el alumno aplique y desarrolle su propia forma de aprender y de que asuma un grado de responsabilidad a lo largo de dicho proceso. Por esa razón se incluyen actividades que fomentan el desarrollo de estrategias positivas de aprendizaje y la autonomía del alumno, y estimulan su confianza en sí mismo, con lo que se consigue que el aprendizaje sea más rápido y eficaz. He aquí algunos ejemplos:

— Presentación del lenguaje necesario para «sobrevivir» y mantener la comunicación dentro y fuera del aula desde el primer día (véanse actividades 7 y 8 de la lección preparatoria 1 y actividades 9, 10 y 11 de la lección preparatoria 2).

— Presentación del lenguaje necesario para comprender las instrucciones del Libro del alumno (véase actividad 9 de la lección preparatoria 1).

— Demostración al alumno de sus conocimientos previos de español aprovechando los paralelismos existentes con su lengua materna (véase actividad 11 de la lección preparatoria 2).

— Creación de hábitos de escucha y lectura selectiva que permitan obtener una información precisa [véanse actividad 6 de la lección 11 y actividad 1a) del repaso 1].

Gramática inductiva

En distintas ocasiones, la gramática recibe un tratamiento inductivo: se presentan muestras de lengua para llevar al alumno a descubrir la norma y, a través de actividades variadas, se consigue la aplicación de la misma. De esta forma, el alumno irá interiorizando de forma intuitiva y funcional la nueva lengua que aprende. Al mismo tiempo, necesitará algunas descripciones explícitas del funcionamiento de dicha lengua. Consciente de esta actividad, **Nuevo ELE inicial 1** pone a disposición del alumno un **Resumen gramatical** localizado en las páginas finales del libro del alumno. A su vez, al final de cada lección, el apartado **Recuerda** recoge todos los elementos estructurales aparecidos en dicha lección. Cada elemento está relacionado con el **Resumen gramatical** para que el alumno pueda, cuando lo necesite, aclarar y ampliar sus conocimientos de gramática.

Vocabulario

En **Nuevo ELE inicial 1** se presenta el vocabulario necesario para cubrir el nivel básico de comunicación. Además, a lo largo del curso se facilita al alumno la tarea de ampliar su vocabulario de acuerdo con sus necesidades. El uso del diccionario, la deducción del significado a partir del contexto o la consulta a los compañeros de clase son ejemplos de ello.

Pronunciación

La mayor parte de las lecciones cuentan con alguna actividad que permite a los alumnos escuchar muestras o modelos de lengua hablada y repetirlos coral e individualmente; su objetivo no es solo la pronunciación de determinados sonidos, sino también la **práctica del acento y de la entonación.**

La tarea pedida en otras actividades, insertadas gradualmente a lo largo del curso, consiste en discriminar la sílaba fuerte o determinados sonidos y su correspondencia ortográfica.

Entre las sugerencias recogidas en la Guía didáctica, figura la de realizar regularmente ejercicios de repetición.

Repasos

Cada cinco lecciones aparece otra de repaso que brinda la posibilidad de revisar y reforzar contenidos vistos anteriormente, además de integrar las cuatro destrezas. El orden y el momento en que se realicen dichas actividades no deben ser necesariamente los propuestos en el Libro del alumno: si el profesor juzga necesario repasar determinados contenidos, puede recurrir a la actividad propuesta en la lección de repaso correspondiente, aunque no se haya llegado aún a ella.

Esto implica una flexibilidad por parte del profesor a la hora de planificar su clase. Al tener en cuenta las necesidades reales del alumno, el aprendizaje se producirá de manera más rápida y eficaz.

ALGUNAS TÉCNICAS GENERALES DEL CURSO

Cierto número de actividades que constituyen una parte importante del curso se repiten a lo largo del libro.

Escuchas selectivas

Las escuchas selectivas, al igual que otras del Libro del alumno, sirven para ejercitar la comprensión oral, pero con un carácter selectivo. El alumno obtendrá la información específica que se le pide en la tarea propuesta (véase actividad 12 de la lección 7).

Procedimiento:

1. Escucha seguida para responder a algunas preguntas de comprensión general previamente formuladas (se pueden escribir en la pizarra), para acercar al alumno al tema de la conversación y ayudarle a captar las circunstancias en que esta tiene lugar.

2. Escucha seguida (o con pausas si tienen que escribir) para realizar la tarea pedida. Esta puede consistir en:

   — Completar un cuadro.

   — Subrayar palabras o frases.

   — Señalar si una información es verdad o mentira.

   — Escribir las horas que oigan.

   — Escribir determinadas acciones que oigan.

   — Decidir de qué imagen se habla en la conversación.

3. Puesta en común con un compañero.

4. Puesta en común en grupo-clase.

5. Escucha con pausas para aclarar discrepancias.

6. Nueva puesta en común de dichos puntos.

7. Escucha seguida para comprobar la información obtenida.

En algunos casos, los pasos 5 y 6 no serán necesarios.

Trabajo en parejas y en pequeños grupos

Gran parte de las actividades incluidas en **Nuevo ELE inicial 1** están pensadas para la práctica en parejas y en grupos. Algunas razones lo justifican:

A) La necesidad de incrementar la práctica lingüística en los grandes grupos. Al subdividir la clase en parejas o pequeños grupos que llevan a cabo, de manera simultánea, alguna actividad, se hace posible que **todos practiquen la lengua extranjera en un tiempo mínimo.**

B) La función básica del lenguaje es la comunicación. En un acto de comunicación, por regla general, intervienen un mínimo de dos interlocutores, con lo cual, al realizar alguna actividad en parejas o en grupos pequeños, además de lograr una mayor práctica lingüística, **se refuerza la función comunicativa de la lengua.**

Por lo general, los alumnos suelen acostumbrarse pronto a trabajar en parejas o grupos. Con el fin de asegurar el máximo provecho de este tipo de actividades, se sugieren los siguientes pasos:

1. Explicación de la actividad a la clase.

2. Demostración de la misma por parte del profesor y algún alumno, normalmente un «buen» alumno.

3. Demostración clase-profesor, clase-alumnos individuales o entre alumnos.

4. Práctica simultánea.

La función del profesor mientras los alumnos realizan actividades en estos tipos de agrupamiento es la de prestar atención a aquellos alumnos que considere que más lo necesitan, anotando mentalmente los problemas que aún tienen para abordarlos en una posterior fase de revisión.

Vacíos de información

Muchas lecciones incluyen unas actividades que se caracterizan por tener un vacío informativo que el alumno debe llenar mediante una interacción comunicativa.

En algunos casos, el vacío de información es fijo (véase Libro del alumno, actividad 11 de la lección 3), mientras que en otros es variable (véase Libro del alumno, actividad 8 de la lección 9), pudiéndose realizar la actividad tantas veces como se quiera, sin que por ello se elimine el vacío informativo.

Su correcta realización implica que los alumnos no vean la parte correspondiente a su compañero –si lo hicieran, desaparecería el vacío de información y la actividad perdería todo su sentido original–. Un buen método para conseguirlo es hacer fotocopias de la actividad y darle a cada alumno solo la parte que le corresponde.

Procedimiento:

1. Cada alumno lee las instrucciones y el ejemplo correspondiente. El profesor comprueba que han comprendido lo que tienen que hacer.

2. Demostración profesor-alumno y alumno-alumno.

3. Los alumnos preparan mentalmente la interacción.

4. Realización de la actividad.

5. Comprobación y comentario del trabajo realizado, lo que implica ver la parte del compañero.

El papel del profesor consiste en supervisar la actuación lingüística de los alumnos durante la fase de interacción en parejas simultáneas, y anotar las dificultades y los errores de los alumnos, en los que se podría insistir en una fase de revisión.

Es sumamente interesante hacer un análisis de la interacción de alguna pareja. Para ello, puede grabarse en una cinta su interacción durante la fase 4, o bien, tras esa fase, elegir a dos alumnos para que repitan la actividad ante la clase, grabándose para un detallado análisis posterior. Más que en posibles errores gramaticales, el análisis debe incidir en aspectos de la comunicación tales como **registro, entonación, naturalidad,** etc., a fin de erradicar un uso demasiado estereotipado y mecánico de la lengua.

Simulaciones

En la fase destinada a la práctica libre, muchas lecciones incluyen, bajo el enunciado de «Ahora vosotros», unas actividades en las que se pide al alumno que interprete un papel determinado [véase actividad 13 b) de la lección 6]. Representado este papel, el alumno practica unos conocimientos previamente adquiridos, pero el grado de creatividad y espontaneidad requerido es superior al de otras fases anteriores de la secuencia didáctica. Por último, es de destacar el hecho de que la creación de **un escenario adecuado** (disposición del mobiliario del aula, uso de la música y de determinados efectos sonoros, etc.) es fundamental para llevar las simulaciones a cabo con éxito.

Pasos a seguir:

1. Los alumnos leen la parte que les corresponde y consultan las dudas que puedan tener. Antes de comenzar, reflexionan y preparan la situación y el lenguaje que van a necesitar.

2. Demostración profesor-alumno.

3. Práctica en parejas o en grupos simultáneos. Durante su realización, el profesor toma nota de los errores importantes y, una vez terminada esta fase, puede comentar con los alumnos las dificultades lingüísticas que han tenido.

4. Cambio de papeles, o de parejas o grupos, para continuar la actividad.

Posibles actividades finales:

a) Alguna pareja o grupo representa ante la clase la situación planteada.

b) Grabación de alguna pareja o grupo y posterior audición analítica con toda la clase.

La música como elemento ambientador

El uso de la música es aconsejable no solo como elemento para realizar determinadas actividades de práctica libre, sino también para efectuar otro tipo de trabajos individuales, en parejas o en grupos, ya que la música contribuye a que los alumnos se sientan relajados y puedan alcanzar un mayor grado de concentración.

LECCIONES PREPARATORIAS

¿Por qué lecciones preparatorias?

Las dos primeras lecciones se consideran preparatorias: además de presentar un lenguaje secuenciado con el resto de las lecciones, perteneciente a la programación funcional del curso, presentan un lenguaje útil para mantener la comunicación dentro y fuera del aula (las «ayudas») y un lenguaje descontextualizado (los números del 0 al 20, por ejemplo), más necesario para situaciones futuras que para la lección en que aparece.

El profesor puede aprovecharlas para iniciar a los alumnos en la mecánica de las diversas actividades que se presentan a lo largo del curso y para crear en el grupo un ambiente positivo para la comunicación.

LECCIÓN PREPARATORIA 1

🎧 **❶** a) **Presentación.**

El profesor se presenta a sí mismo: «¡Hola! Buenos días/Buenas tardes. Me llamo X», y pregunta el nombre a algunos alumnos: «¿Cómo te llamas?»/ «¿Y tú?».

Preste especial atención a los aspectos relativos a la presencia y ausencia del pronombre sujeto **yo.** «Me llamo Sara. ¿Y tú?». «Yo me llamo Carlos».

Nota.

Si el tratamiento que se va a dar a los alumnos es formal, se introduce un exponente formal. Aquí se ha optado por un tratamiento informal. El contraste de ambos tratamientos se presenta en la lección 4.

A continuación, los alumnos escuchan el diálogo y lo siguen en el libro.

🎧 b) En la primera repetición es conveniente pedirle al alumno que repita frases cortas: «¡Hola!»/«¿Cómo te llamas?». En una segunda repetición, el alumno puede intentar decir una línea entera del diálogo: «¡Hola! ¿Cómo te llamas?».

Si los alumnos tienen algún tipo de dificultad, se puede usar la técnica de «encadenamiento hacia atrás»: se hace repetir al alumno la frase comenzando por detrás. Ejemplo:

«¿… llamas?».

«¿… te llamas?».

«¿Cómo te llamas?».

c) Introduzca a los alumnos en la siguiente técnica para practicar un diálogo: el alumno lee el texto correspondiente en el libro, alza la vista y repite su texto mirando al compañero. Puede acudir al libro siempre que lo necesite, incluso en medio de una frase si tiene dificultades, pero es conveniente que a la hora de hablar lo haga dirigiéndose a su compañero.

 Los alumnos, bien desde sus asientos, bien paseando por la clase, intentan presentarse al mayor número posible de compañeros. Es conveniente recordarles antes el lenguaje necesario para la actividad. Se puede hacer mediante un diálogo mutilado en la pizarra que se completará con la ayuda de los alumnos. Este esquema puede dejarse en la pizarra para que los alumnos puedan recurrir a él durante la interacción.

Nota.

A fin de hacer las presentaciones más naturales, en el caso de alumnos de diferentes nacionalidades conviene introducir los nombres de las mismas (solo esas) y el exponente necesario para decir de dónde son (véase lección preparatoria 2, actividad 5).

 Señale la necesidad de aprender el alfabeto lo antes posible.

🎧 a) Los alumnos escuchan a la vez que siguen el alfabeto en sus libros. Es aconsejable que escuchen la grabación al menos dos veces.

🎧 b) Los alumnos escuchan y repiten, bien con la grabación o bien con el profesor.

c) La comparación entre las lenguas es un buen método para ayudar a los alumnos a recordar aspectos peculiares del español.

🎧 **❹** Ejercicio de discriminación auditiva de letras que por su parecido puedan presentar cierta dificultad para el alumno.

Antes de escuchar la grabación, pida a los alumnos que le digan esas letras en voz alta. Indíqueles que durante la grabación solo tienen que marcar con una cruz la letra que oigan en cada caso.

e, z, v, q, x, h, j.

Para la comprobación del ejercicio, pida a los alumnos que le digan el número de la columna correspondiente, «uno»/«dos» (presente antes estos números). Si en algún caso un grupo se inclina por una respuesta y otro por otra, es conveniente que el profesor llame la atención de los alumnos sobre la pronunciación de las letras en cuestión y que vuelvan a escuchar la parte correspondiente de la grabación.

 Ejercicio de discriminación de nombres a través de las letras que los componen. Sígase el mismo procedimiento que en 4, pero aquí tienen que subrayar, en lugar de marcar con una cruz.

P, a, c, o; L, u, i, s, a; P, a, b, l, o;
F, é, l, i, x; M, a, n, u, e, l, a; J, u, a, n, j, o;
G, e, m, a.

Para la corrección se puede hacer salir a siete alumnos a la pizarra para que cada uno escriba un nombre. Luego se corrige entre todos.

SUGERENCIA

«Oyes-dices», en grupos de cuatro.

El profesor distribuye tarjetas como estas entre los miembros de cada grupo.

OYES	DICES
	d o t l
j a h n	b z o y
ñ o g x	q i s c
s y e j	h m e b
n o k r	v l a f

OYES	DICES
g u b m	e r c v
b z o y	f h i k
n j e d	t o l ñ
h m e b	a p x c
d s y r	ll b z n

OYES	DICES
d o t l	g u b m
q i s c	r u v p
t o l ñ	s y e j
a p x c	n o k r
ll b z n	d q i c

OYES	DICES
e r c v	j a h n
f h i k	ñ o g x
r u v p	n j e d
v l a f	d s y r
d q i c	

Empieza el alumno en cuya columna «oyes» falta un grupo de letras; deletrea el primer grupo de la columna «dices» y el alumno que lo identifica en su columna «oyes» deletrea el correspondiente a su columna «dices», y así sucesivamente.

 a) Presente el término «apellidos» con personajes famosos que puedan conocer sus alumnos. Comente que en los países latinoamericanos se usan dos apellidos en los documentos oficiales, el primero del padre y el primero de la madre. En la vida normal no se suele decir más que el primer apellido.

Los alumnos subrayan las palabras individualmente. Para la corrección de la actividad, el profesor escribe en la pizarra los siguientes encabezamientos: NOMBRES/APELLIDOS, y escribe en cada columna lo que le digan los alumnos.

b) Escriben un nombre y un apellido, a ser posible hispanos; el profesor supervisa lo que escriben. Finalmente, en parejas, se lo dictan unos a otros sin que puedan ver lo que ya está escrito.

 a) Presentación de lenguaje útil para pedir ayuda sobre aspectos lingüísticos.

Haga que los alumnos observen las situaciones con detenimiento y compruebe si son capaces de deducir lo que pueden estar diciendo en cada una. Pídales el equivalente en su lengua materna.

b) Los alumnos escuchan y repiten, frase a frase primero y por líneas completas después. Preste atención a la pronunciación y a la entonación.

 a) Los alumnos leen los diálogos. Resuelva las dudas que puedan tener.

Pregunte a los alumnos si les gustaría practicar esos diálogos en parejas. Recuérdeles la técnica de leer, alzar la vista y hablar.

b) Los alumnos preguntan en parejas. Indíqueles que es conveniente comprobar si han escrito bien el nombre y apellido.

 a) Algunas de las instrucciones les serán ya familiares. Indíqueles que **no** necesitan aprenderse este vocabulario, **solo** comprenderlo; lo aprenderán de una manera inconsciente a base de oírlo continuamente en clase. Deje que lean las instrucciones y que le pregunten en caso de duda. Luego miran, escuchan y leen.

b) Indique a los alumnos que van a escuchar una serie de instrucciones y que deben mostrar la comprensión de las mismas ejecutándolas con gestos o mimo.

1. *Habla con tu compañero.*
2. *Lee la actividad 8.*
3. *Escucha a tu compañero.*
4. *Mira la página 10.*
5. *Escribe tu nombre.*

Al final de la actividad, el profesor puede dar instrucciones a alumnos individualmente.

10 Posiblemente ya habrá presentado usted «Adiós»/«Hasta mañana» al finalizar alguna de las clases anteriores. Si la próxima clase no la van a tener al día siguiente, es conveniente presentar una fórmula de despedida que haga referencia al día que vayan a tenerla: «Hasta el miércoles/el jueves/etcétera».

DESCUBRE ESPAÑA Y AMÉRICA LATINA

1 a) Las palabras propuestas proceden de un vocabulario conocido internacionalmente, de tal manera que a los alumnos les resultará fácil comprender el significado de las palabras que hacen referencia a los lugares o cosas que muestran las fotos.

b) Conviene indicar a los alumnos que además de deducir fácilmente el significado de esas palabras internacionales, en español es posible pronunciarlas correctamente. Anímeles a hacerlo.

c) Los alumnos escuchan y comprueban su pronunciación de esas palabras: *bar, teléfono, restaurante, cine, chocolate, hotel, tango, aeropuerto, salsa, tomate.*

Con el objetivo de ir mostrando a los alumnos la regularidad de la fonética española, señale la pronunciación de algunos grupos de consonante y vocal aparecidos en los ejemplos de la lección.

Por ejemplo, grupos con «e»:
Teléfono, **me** llamo.
¿Cómo **te** llamas?, ci**ne**.

Grupos con «a»:
Pasaporte, **Pa**co, **Pa**ca, **Sa**ra, **Pa**blo, etc.

Pídales más ejemplos.

d) Averigüe si conocen el origen latinoamericano de algunas de esas palabras. Confirme que **tomate**, **salsa**, **tango** y **chocolate** tienen ese origen.

e) Anime a los alumnos a decir y a compartir con sus compañeros otras palabras que puedan conocer en español. Pídales que las escriban en la pizarra.

RECUERDA

Explique en qué consiste el **Recuerda** que aparece al final de cada lección y la conveniencia de que lo revisen por su cuenta. Los elementos estructurales que aparecen bajo el título **Gramática** van seguidos de un apartado que hace referencia al **Resumen gramatical** localizado al final del Libro del alumno. En él, el alumno encontrará una explicación más amplia, **siempre adecuada a su nivel.**

LECCIÓN PREPARATORIA 2

Precalentamiento

Después de saludar a la clase, se podría proceder a jugar a las palabras con los alumnos. Un juego oportuno sería «el ahorcado», para que los alumnos deletreen con motivación.

 Se introduce el concepto «país» con el mapa de la actividad.

A continuación se les pide que relacionen individualmente los nombres de persona con los países.

Comprobación en parejas.

Puesta en común en grupo-clase.

 Lea los nombres de los países para dar el modelo de pronunciación y pida a los alumnos que los lean en voz baja. Explique que la sílaba subrayada es la más fuerte y lea algunos a modo de ejemplo.

a) Pida a determinados alumnos que pronuncien los nombres propuestos (uno cada uno).

b) Escuchan y comprueban la pronunciación.

c) Ejercicios de repetición coral e individual.

 Introducción del concepto de nacionalidad refiriéndose a la del profesor y a las de algunos personajes famosos.

En caso de que aparezcan en el Libro del alumno los nombres de los países y los adjetivos de nacionalidad de algunos alumnos, introdúzcalos.

Hacen individualmente el ejercicio de relacionar y se corrige en grupo-clase.

Se comentan las terminaciones del masculino que aparecen (**o, s, l, n, e**) y la formación del femenino (sustitución de **o** por **a**, y añadiendo **a** a las consonantes **s, l, n**). El profesor hace el esquema en la pizarra con la ayuda de los alumnos y resalta la invariabilidad de los adjetivos terminados en **e**.

 Completan individualmente la columna correspondiente al femenino. Si lo necesitan, pueden consultar la actividad 3.

Comprobación en parejas y corrección en grupo-clase.

SUGERENCIAS

— **Juego de memoria** con países y nacionalidades, en grupos de tres o cuatro alumnos. Cada grupo juega con veinte tarjetas; diez tienen nombres de países, y diez, de nacionalidades. Se extienden todas y se colocan de manera que no se puedan leer las palabras escritas en ellas. Cada alumno descubre dos y, si forma una pareja (un país y la nacionalidad correspondiente), se queda con ellas. Gana el que logra reunir más parejas.

— **Pasa la pelota.** Se juega en grupos de seis u ocho alumnos con una pelota. Puede hacerse una de papel. El alumno que tiene la pelota dice el nombre de un país y pasa la pelota a otro compañero. El que la recibe tiene que decir el nombre de la nacionalidad correspondiente.

 El profesor presenta las estructuras propuestas señalándose a sí mismo y diciendo de dónde es. A continuación pregunta a determinados alumnos la respuesta. Es importante insistir en los aspectos relativos a la presencia y ausencia del pronombre sujeto **yo**, así como en el hecho de que utilizamos la preposición **de** cuando queremos indicar que procedemos de una ciudad concreta, si bien podemos hacerlo también con países de escasa proyección en el ámbito internacional.

a) Leen el diálogo individualmente. Ejercicios de repetición coral e individual.

b) Pasean por la clase para preguntar a sus compañeros de dónde son, previa demostración profesor-alumno y alumno-alumno.

Nota.

Si en clase hay alumnos del mismo país, se introduce **también** («Yo también soy japonés»). En clases en las que todos los miembros tengan la misma nacionalidad, se les puede dar la posibilidad de que elija cada uno la nacionalidad que quiera.

 Introducción de la tercera persona del singular con fotos de personas famosas y diciendo de dónde son. A continuación se pregunta a determinados alumnos de dónde es el compañero con el que han trabajado en la actividad 5b).

Ejercicios de repetición coral e individual. Presente «no sé» mediante mímica antes de que los alumnos realicen la actividad propuesta.

7 El profesor presentará la palabra «lengua» y comentará sus posibles significados.

Introducción de **hablo** y **hablas** refiriéndose a la(s) lengua(s) que habla el profesor y preguntando a los alumnos las que hablan ellos.

a) Leen el diálogo.

b) Escuchan y repiten coral e individualmente.

c) Se preguntan en parejas.

SUGERENCIA

Simulación de una fiesta en la que el profesor es el anfitrión. Los invitados (los alumnos) van llegando y se van presentando. Esta actividad permite la práctica de presentaciones, preguntar y decir de dónde son y qué lenguas hablan. Es importante poner música de fondo para hacer más realista la situación y para que los alumnos se sientan más relajados.

8 Presentación de países donde se habla español y preguntas sobre la lengua que se habla en algún otro país. Se puede hacer referencia a Cataluña, Galicia y el País Vasco.

Realizan la actividad en parejas (hacen las preguntas por turnos). Puede plantearse a modo de juego para ver quién responde correctamente a más preguntas.

Lenguas que se hablan en los países propuestos:

— Inglés en Jamaica y Nueva Zelanda.

— Francés en Mónaco.

— Español en Nicaragua, Colombia y Uruguay.

— Portugués en Brasil.

— Italiano en San Marino.

— Alemán en Austria.

9 Antes de observar los dibujos detenidamente, se les hace ver cuáles son las frases con las que se va a trabajar:

«¿Cómo se dice... en español?».
«No sé» (ya se ha introducido antes).
«Más despacio, por favor».
«Más alto, por favor».

a) Observan las ilustraciones y leen individualmente.

Es conveniente asegurarse de que han captado el significado. Para ello se sugiere:

— Hacer preguntas: «¿cómo se dice (palabra que ya conocen) en (lengua de los alumnos)?».

— Decir frases a velocidad muy rápida unas y en voz muy baja otras, a la vez que se les pide mediante gestos que reaccionen.

b) Escuchan la grabación (o al profesor) y repiten coral e individualmente.

10 En la grabación se presentan nueve casos en los que se busca la reacción del alumno para que practique el lenguaje de la actividad anterior.

Muy rápido	— *¿Cómo se dice «buenas tardes» en inglés?*
Muy bajo, casi no se oye	— *¿Cómo se dice «buenas tardes» en inglés?*
Tono y velocidad normales	— *¿Cómo se dice «buenas tardes» en inglés?*
Muy bajo, casi no se oye	— *¿Cómo se dice «gracias» en francés?*
Muy rápido	— *¿Cómo se dice «gracias» en francés?*
Tono y velocidad normales	— *¿Cómo se dice «gracias» en francés?*
Muy rápido	— *¿Cómo se dice «adiós» en italiano?*
Muy bajo, casi no se oye	— *¿Cómo se dice «adiós» en italiano?*
Tono y velocidad normales	— *¿Cómo se dice «adiós» en italiano?*

Anímeles a que usen estas «ayudas» y las practicadas en la lección 1 siempre que lo necesiten, tanto dentro como fuera del aula.

11 En esta actividad se presentan de manera desordenada las frases necesarias para preguntarle al compañero (y posiblemente escribir) cómo se dicen dos palabras que han sido previamente seleccionadas por cada alumno.

Demostración previa profesor-alumno y alumno-alumno.

SUGERENCIA

El profesor lleva a clase fotocopias ampliadas de los dibujos con los que se han presentado las «ayudas» en las lecciones preparatorias 1 y 2, pero con las burbujas vacías, y las distribuye entre grupos de varios alumnos para que escriban el texto que falta. A continuación comprueban lo que han escrito y ponen las fotocopias (una con cada «ayuda») en la pared, en lugares bien visibles, a fin de que puedan recurrir a ellas siempre que lo necesiten.

 a) Escuchan la cinta y leen los números para identificarlos.

b) Escuchan la cinta de nuevo (o al profesor) y repiten coral e individualmente.

Se pueden hacer encadenamientos de números. Empieza el profesor y continúan los alumnos (1, 3, 5…; 0, 2, 4…; 20, 19, 18…).

a) Se explica en qué consiste el juego del Bingo y luego completan el cartón con números. Pueden escribir en el libro, pero se recomienda que lo hagan a lápiz.

b) Al oír sus números, los alumnos los marcan en su cartón.

Cuando un estudiante cante Bingo, conviene comprobar si lo ha hecho correctamente. Para ello se le pide que escriba sus números en la pizarra y que los diga en voz alta hasta que otro estudiante cante Bingo.

Tres - dieciséis - nueve - catorce - siete - dos - quince - cero - once - diecinueve - cinco - doce - uno - cuatro - dieciocho - veinte - seis - diecisiete - trece - ocho - diez.

Se pide a los alumnos que escriban ocho números del cero al veinte y que se los dicten al compañero. Finalmente deben comprobar si coinciden los números dictados con los copiados.

SUGERENCIA

— En parejas. Un alumno escribe seis números del cero al veinte. Su compañero, sin mirarlos, dice otros diez. Anotan los números acertados.

— Se divide la clase en dos equipos. El profesor enseña una tarjeta con un número y salen dos alumnos (uno de cada equipo) a la pizarra para ver quién es el primero que lo escribe correctamente con letras. El que lo hace consigue un punto para su equipo. Así sucesivamente.

 a) Suministre la ayuda lingüística que precisen los alumnos para facilitar la comprensión del texto.

b) Explique el significado de las palabras o frases que no entiendan.

c) Asegúrese de que han elegido la frase adecuada («¿Cuánto es, por favor?»). Compruebe cuáles son las palabras del recuadro que asocian a un bar.

d) Proporcione a sus alumnos las frases útiles que le soliciten y anímeles a utilizarlas cuando las necesiten.

DESCUBRE ESPAÑA Y AMÉRICA LATINA

 El objetivo de esta actividad es mostrar al alumno la importancia del español en el mundo.

a) Explicar **verdadero** o **falso** refiriéndose al nombre. El profesor dice:
«Me llamo (nombre falso)». Falso.
«Me llamo (su nombre)». Verdadero.

Es aconsejable asegurarse de que han captado los conceptos mencionados haciendo alusión a nombres de alumnos.

Leen individualmente las frases y se les explican las palabras clave para que puedan lograr la comprensión global de cada una de ellas.

A continuación señalan las respuestas que crean adecuadas.

b) Antes de proceder a la lectura individual con carácter selectivo, conviene asegurarse de que conocen el significado de «superior».

Es importante hacerles ver que solo se les pide que busquen en el texto la información relacionada con las frases leídas anteriormente.

Leen y comprueban lo acertado de sus respuestas. Puesta en común grupo-clase.

c) Invite a sus alumnos a comentar a sus compañeros lo que les sorprenda. Para finalizar, puede dirigir un comentario, en la lengua de los alumnos o en una lengua hablada por todos, sobre la creciente importancia del español en el mundo.

LECCIÓN 3

Precalentamiento

El profesor dice una nacionalidad y los alumnos contestan con nombres de persona de esa nacionalidad. Ejemplo:

Profesor: «Italiano».
Alumno: «Giovanni, Paolo...».
Profesor: «Italiana».
Alumno: «Paola».

1 Presente el significado de la palabra **profesión.**

Pida a los alumnos un equivalente a cada nombre de profesión en su lengua materna.

El profesor subraya la primera profesión («secretaria») y continúan los alumnos individualmente.

Comprobación en grupo-clase.

Ejercicios de repetición coral e individual para trabajar la pronunciación.

2 Introduzca el concepto de **lugar de trabajo** refiriéndose al suyo.

Los alumnos pueden buscar en un diccionario bilingüe las palabras que no conozcan.

Ejercicios de repetición coral e individual.

Hacen individualmente el ejercicio de relacionar. Comprobación en parejas.

Corrección en grupo-clase.

FÍJATE EN LA GRAMÁTICA

Presente **un** y **una**. Explique a los alumnos la concordancia en género con el sustantivo. Muéstreles la necesidad de aprender de memoria el género de las palabras referentes a realidades no sexuadas, ya que puede darse el caso de que no exista esa diferenciación en su lengua o, si existe, el género puede no coincidir con el que tiene en español («un bureau»-«una oficina»).

Para la práctica es aconsejable hacer un ejercicio oral del tipo:

Profesor: «Bar».
Alumno: «Un bar».

3 Diga varias veces «Soy profesor». A continuación pregunte a diferentes alumnos: «Y tú, ¿qué haces?». Extraiga las respuestas de los alumnos. Si no saben cómo se dice su profesión en español, estimúleles a que se lo pregunten. Si alguno responde: «Soy estu-

diante», pregúntele: «¿Qué estudias?» y extraiga las respuestas de los alumnos. Pida a algunos de ellos que formulen las preguntas a otros.

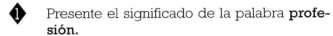

a) Los alumnos escuchan la grabación y leen el texto. Asegúrese de que comprenden todo.

b) Escuchan la cinta de nuevo y repiten coral e individualmente.

c) Estimule a los alumnos a que le pregunten cómo se dice en español el lugar donde estudian o trabajan si aún no lo saben. No debe pretender que cada alumno aprenda todas las palabras nuevas que puedan surgir, pero sí las que necesite para hablar de sí mismo en el apartado siguiente.

d) Práctica en parejas, previa demostración profesor-alumno y alumno-alumno.

4 Actividad a realizar en grupos de seis alumnos. Se puede presentar a modo de juego para ver en qué grupo hay más personas con la misma profesión o cuántas estudian y cuántas trabajan.

Si todos los alumnos de la clase son estudiantes, podrán elegir la profesión que deseen.

SUGERENCIAS

¿Tienes buena memoria?

1. Cada alumno pregunta a los demás qué hacen y dónde trabajan.

2. En dos minutos escriben el nombre, la profesión y el lugar de trabajo del máximo número de compañeros. Gana el que consigue escribir más.

5 Introduzca la tercera persona del singular de los verbos **ser, estudiar** y **trabajar** refiriéndose a las profesiones, estudios y lugares de trabajo de algunos alumnos. Puede utilizar las fotos de la actividad 1 con el mismo fin.

Ejercicios de repetición coral e individual.

a) Pida a los alumnos que miren los dibujos y lean las frases que hay en ellos. Asegúrese de que han captado la dinámica del juego.

b) Juegan en grupos de ocho. Un alumno piensa en un compañero y dice cuál es su profesión y dónde trabaja o qué estudia. El resto tiene que adivinar quién es.

🎧⬥6 a) En a) y b) se llevan a cabo los pasos propuestos en la actividad 12 de la lección 2, excepto los encadenamientos de números sugeridos en esa actividad. Aquí se harán por decenas (0, 10, 20...; 100, 90, 80...).

Resalte la diferencia entre **veintiuno** (una palabra, con **i**) y **treinta y uno, cuarenta y uno...** (tres palabras, con **y**). Mencione otros números entre los que se da esa diferencia.

c) Los alumnos tienen que deducir las reglas de formación de decenas y aplicarlas a los números presentados. Piensan y practican individualmente su pronunciación.

Comprobación: pida a determinados alumnos que los digan en voz alta.

⬥7 Antes de escuchar la grabación, los alumnos dicen los números propuestos.

🎧 Escuchan la grabación y marcan los números que oigan.

A. — *¿Cuánto dura la clase?*
   Cincuenta minutos.

B. — *¿El código de teléfono de Suiza, por favor?*
   • *Cuarenta y uno.*

C. — *¿Tienes hora?*
   • *Sí, las doce.*

D. — *¿Cuál es mi clase?*
   • *La número trece.*

E. — *¿El prefijo de Madrid?*
   • *El noventa y uno.*

F. — *¿Cuántos años tiene tu padre?*
   • *Sesenta y uno.*

G. — *¿Cuál es tu dirección?*
   • *Calle Bogotá, ochenta, segundo A.*

H. — *¿Toledo está muy lejos de aquí?*
   • *No. A sesenta kilómetros.*

SUGERENCIAS

— **Pasa la pelota** (véase dinámica del juego en la actividad 4 de la lección 2). En este caso, el alumno que pasa la pelota dice un número (37), y el que lo recibe lo invierte mentalmente y nombra el número resultante (73). Se puede plantear a modo de juego eliminatorio: el alumno que no responda o lo haga incorrectamente queda eliminado. Ganan los que no sean eliminados al

cabo de un espacio de tiempo que el profesor considere suficiente.

— **Mayor/menor,** en pequeños grupos. Un alumno piensa un número del 0 al 99 y sus compañeros intentan adivinarlo. Para ello, el alumno que ha pensado el número les da pistas, indicando si su número es mayor o menor que los que dicen sus compañeros.

⬥8 Presentación de **calle, plaza, avenida, paseo** y **número** con un plano real de la ciudad donde están o con dibujos sencillos en la pizarra.

a) Leen las direcciones de los sobres y subrayan las abreviaturas pedidas.

b) Introduzca **está, dirección, vive** y **código postal** refiriéndose a lugares y direcciones que conozcan los alumnos.

Pídales que lean las frases de la actividad de «verdadero o falso» y asegúrese de que la entienden.

Señalan la columna correspondiente.

Comprobación con el compañero.

Corrección en grupo-clase.

⬥9 El profesor dice dónde vive mostrando una tarjeta de visita o un sobre con su dirección. A continuación pregunta a determinados alumnos dónde viven ellos.

🎧 a) Escuchan la grabación y leen.

🎧 b) Escuchan cada frase y repiten coral e individualmente.

c) Paseando por la clase, se preguntan la dirección. Es aconsejable que la escriban en un papel y se la enseñen al compañero que se la ha dictado para que compruebe si ha sido escrita correctamente.

Enseñe individualmente los números superiores a cien que ciertos alumnos puedan necesitar para decir su dirección.

 a) Pida a los alumnos que miren el dibujo y que lean el texto de las burbujas. Compruebe si conocen el significado de la palabra «información» y los nombres de las profesiones y lugares de trabajo de los dos personajes.

Nota.

Explique las dos maneras de decir los números de teléfono: cifra a cifra o en grupos de cifras.

Comente que en España los números de teléfono tienen seis cifras, excepto los correspondientes a Madrid, Barcelona, Vizcaya, Sevilla y Valencia, que tienen siete.

 b) Escucha con pausas para que tengan tiempo de escribir los números de teléfono que se mencionan.

Comprobación en parejas.

Puesta en común en grupo-clase.

Escucha de los puntos en los que discrepen.

Puesta en común de dichos puntos en grupo-clase.

Escucha seguida de comprobación.

A. — *Información.*
- *Oiga, ¿me puede dar el teléfono del aeropuerto, por favor?*
- *El noventa y uno-tres-noventa y tres-sesenta-cero-cero.*

B. — *Información, buenos días.*
- *¿Me puede decir el teléfono de la estación de autobuses, por favor?*
- *Noventa y seis-cuatro-sesenta y ocho-cuarenta y dos-cero-cero.*

C. — *Información.*
- *Buenos días. ¿Me podría decir el teléfono de Luis Martínez, en el número veinte de la calle Perú?*
- *¿El segundo apellido?*
- *Castro.*
- *Tome nota: noventa y tres-dos-cincuenta y seis-veinticinco-dieciocho.*
- *Gracias.*

D. — *Información, buenas tardes.*
- *¿Me puede dar el número del hospital Ramón y Cajal, por favor?*
- *Un momento. Tome nota: noventa y uno-tres-treinta y seis-ochenta-cero-cero.*
- *Muchas gracias. Adiós.*
- *De nada. Adiós.*

 Se trata de la primera actividad de vacío de información que aparece en el libro.

Presente el vocabulario nuevo.

Procedimiento: véase página 6, **vacíos de información.**

Explique cómo se leen las direcciones de correo electrónico incluidas en las doce tarjetas. Si lo considera necesario, puede pedir a sus alumnos que lean otras direcciones que usted les proporcione.

Pídales que busquen las respuestas a las preguntas planteadas en el libro del alumno y dirija la puesta en común en grupo-clase.

a) Los alumnos escuchan y leen los diálogos. Asegúrese de que han comprendido todo.

b) Dirija unos ejercicios de repetición coral e individual.

c) Los alumnos se piden unos a otros los números de teléfono y fax, y la dirección de correo electrónico; luego toman nota. Es importante que comprueben si el compañero ha escrito correctamente los datos transmitidos.

Procedimiento: seguir los pasos sugeridos para las **escuchas selectivas** (página 6).

Miguel: Sí, ¿dígame?
Secretaria: Buenos días. ¿Está Miguel Ruiz?
Miguel: Sí, soy yo.
Secretaria: Mira, te llamo del Centro de Estudios Fotográficos. Es que necesitamos algunos datos tuyos, y como no puedes venir...
Miguel: ¡Ah! Vale...
Secretaria: ¿Tu segundo apellido?
Miguel: López.
Secretaria: ¿Nacionalidad?
Miguel: Español.
Secretaria: ¿Profesión?
Miguel: Estudiante.
Secretaria: ¿Tu dirección?
Miguel: Calle Colonia, número veinte, ático A.
Secretaria: En Madrid.
Miguel: Sí.
Secretaria: ¿Y el código postal?
Miguel: El veintiocho, cero, diecisiete.
Secretaria: El teléfono de tu casa ya lo tenemos, pero... ¿tienes teléfono móvil?
Miguel: No, no tengo.
Secretaria: Bien, ¿y... dirección de correo electrónico?
Miguel: Sí, sí tengo: mruiz@olé.es. Bien, es todo. Muchas gracias.
Miguel: De nada. Hasta el día quince.
Secretaria: Adiós.

 Actividad de práctica libre en la que se integran la mayor parte de los contenidos vistos hasta el momento. Los alumnos tienen que elegir un personaje famoso y asumir su personalidad. En la ficha se piden algunos datos que los alumnos desconocerán y que tendrán que imaginarse.

a) Rellenan la ficha individualmente.

b) Un miembro de la pareja pide los datos al compañero y los anota.

c) Comprobación de los mismos y comentario de los posibles problemas antes de proceder al cambio de papeles.

DESCUBRE ESPAÑA Y AMÉRICA LATINA

 a) Explique a sus alumnos que van a observar un gráfico sobre las actividades profesionales más desempeñadas en España. Anímeles a solicitarle la ayuda léxica que precisen.

b) Una vez realizados los emparejamientos, proceda a su comprobación en grupo-clase.

Respuestas:

1-educación;   2-industria;   3-hostelería; 4-agricultura;   5-sanidad;   6-comercio; 7-administración pública.

c) Explique el significado de las palabras que desconozcan.

d) En la fase de comprobación, puede usted mencionar cada una de esas palabras y pedir a determinados alumnos que digan el número de la foto correspondiente.

Respuestas:

A-hospital, B-oficina, C-fábrica, D-campo, E-colegio, F-tienda, G-restaurante.

e) Dirija el comentario en grupo-clase propuesto y ayude a sus alumnos a comunicar a sus compañeros aquello que deseen expresar y les resulte complicado.

LECCIÓN 4

Precalentamiento

En grupos de cinco o seis. Un alumno elige la profesión que desea y hace mimo. Los otros tienen que adivinar cuál es. Pueden hacer preguntas cuyas respuestas solo puedan ser «sí» o «no» («Trabajas...?»; «¿Eres...?»).

 Pida a los alumnos que observen los dibujos y pregúnteles dónde están las personas que aparecen en ellos.

Presente y explique «relación formal e informal».

Facilíteles la comprensión de la pregunta incluida en el libro del alumno y solicite la respuesta. Procédase finalmente a la puesta en común.

 Los alumnos escuchan las dos conversaciones y las siguen en el libro.

Una vez aclarado el significado del vocabulario nuevo, proceda a la realización de una segunda audición.

Proponga una práctica dirigida: tres alumnos (A, B y C) leen el primer diálogo en voz alta. Ayúdeles a resolver los problemas que surjan.

Si detecta alguna dificultad especial en alguna frase, haga que repitan dando usted el modelo.

Puede seguir el mismo procedimiento con el segundo diálogo.

Los alumnos practican, en grupos de tres, los diálogos del libro utilizando la técnica de leer, alzar la vista y hablar.

 a) Práctica de una presentación informal asumiendo cada uno de los tres alumnos su propia personalidad.

b) Se forman nuevos grupos y practican una presentación formal.

Asegúrese de que en a) conocen los nombres de los otros dos componentes del grupo, y en b), los apellidos.

 a) Pida a los alumnos que lean los diálogos individualmente y asegúrese de que comprenden todo. A continuación observan los dibujos y escriben cada diálogo debajo del dibujo correspondiente.

 b) Escucha intensiva de los cuatro diálogos para comprobar si los han emparejado correctamente con los dibujos.

Respuestas:

A-3; B-4; C-2; D-1.

 Sugiera a los alumnos que lean los diálogos de la actividad anterior para que a continuación traten de deducir en parejas cuándo se usa el artículo determinado con los términos propuestos.

Puesta en común en grupo-clase.

Explique que no usamos el artículo determinado cuando nos dirigimos a una persona y sabemos o creemos que es ella; en los casos restantes, su uso es obligatorio.

 Pida a los alumnos que busquen las abreviaturas y que las deletreen. Introduzca la palabra «punto».

Para realizar la tarea pedida, los alumnos deben asumir la personalidad del chico joven que aparece en los cuatro dibujos. Infórmeles de que puede haber más de una frase posible en cada caso, pero solo se les pide que escriban una.

Comprobación en parejas.

Puesta en común en grupo-clase. Anímeles a que corrijan ellos mismos a sus compañeros.

⑦ «Motesa» es el nombre de una empresa imaginaria.

Sonsaque el significado de la palabra «empresa» (es probable que haya surgido en la actividad 3 de la lección 3).

Procedimiento: ver página 7, **simulaciones.**

FÍJATE EN LA GRAMÁTICA

Pida a los alumnos que lean con atención las frases presentadas.

Estimúleles a que deduzcan con qué forma verbal ya estudiada coincide la correspondiente a **usted** (con la correspondiente a **él** y **ella**). Resalte que la forma es la misma, pero no el significado.

Indique en la lengua de los alumnos cuáles son los factores que pueden llevar a utilizar «tú» o «usted»: relación entre los interlocutores, cortesía, jerarquía, edad, etcétera.

8 Los alumnos copian cada una de las frases propuestas en la columna correspondiente. Corrección en grupo-clase.

 9 Escuchan cada uno de los diálogos y señalan **tú** o **usted**, según se trate de un diálogo en estilo informal o formal.

Puesta en común en grupo-clase y escucha de los diálogos en los que discrepen.

Nueva escucha de cada diálogo para que digan qué palabra o palabras les han servido para decidir si era **tú** o **usted**.

1. — *Usted es mexicano, ¿verdad?*
   • *No, colombiano.*
2. — *Hasta mañana, señor Díaz.*
   • *Adiós, señorita Montero.*
3. — *Yo a ti te conozco... ¡hombre, tú eres Nacho Soto!*
   • *¡Y tú, Blanca González!*
4. — *Trabajas en un banco, ¿no?*
   • *No, no. Es una agencia de viajes.*
5. — *¿Y qué estudia?*
   • *Medicina.*

 10 Este apartado lo dedicaremos a trabajar ciertos aspectos relacionados con la pronunciación del sonido / r̄ /, que tantos problemas causa a muchos de nuestros alumnos.

a) Pida a los estudiantes que lean individualmente las palabras presentadas y pregúnteles qué tienen todas ellas en común (el sonido / r̄ /). A continuación las pronuncian, primero en voz baja y luego en voz alta.

b) Escuchan y repiten cada una de esas palabras.

Deles las indicaciones necesarias para lograr la correcta pronunciación del sonido / r̄ /. Recuerde que el soporte gráfico que usted les proporcione puede resultarles de gran utilidad.

c) Pida a los alumnos que pronuncien nuevamente esas palabras aplicando las instrucciones dadas en el apartado anterior.

Explique el cuadro en el que se presentan las reglas ortográficas relacionadas con dicho sonido.

 11 Trabalenguas para practicar la pronunciación del sonido visto.

Es importante que comprendan su significado. Para ello, se les pide que observen el dibujo y se les explica el vocabulario necesario.

El profesor lo dice en voz alta y los alumnos repiten coral e individualmente (pueden leerlo).

Practican en voz alta.

Se pide a determinados alumnos que digan el trabalenguas.

 12 Puede plantear la siguiente situación: están en una fiesta de alta sociedad sin motivo aparente y no conocen a ninguna de las personas que hay en ese momento. Entablan conversación entre ellas y hablan de los temas citados en el Libro del alumno.

Antes de empezar, pregunte a los alumnos qué tratamiento se emplea normalmente en una situación de ese tipo (formal).

Para alcanzar un mayor grado de ambientación, es aconsejable el uso de música clásica.

DESCUBRE ESPAÑA Y AMÉRICA LATINA

 1
a) Suministre la ayuda lingüística que precisen los alumnos para facilitar la comprensión del texto.

b) Pídales que lo lean de nuevo para responder a las preguntas propuestas. Dirija la puesta en común en grupo-clase.

 2
a) Pídales que lean los diálogos informales localizados en diferentes países de habla hispana. Resalte el uso de **usted**, **tú** y **vos.**

b) Solicite las respuestas a las preguntas formuladas en el Libro del alumno. En Ecuador, en las situaciones informales se utiliza **usted**; en Uruguay, **vos.**

 3 Para llevar a cabo la corrección, puede completar el cuadro en la pizarra con la ayuda de los estudiantes.

USTED	TÚ	VOS
¿Dónde estudia?	¿Dónde estudias?	¿Dónde estudiás?
¿Qué teléfono tiene?	¿Qué teléfono tienes?	¿Qué teléfono tenés?
¿Trabaja en un hospital?	¿Trabajas en un hospital?	¿Trabajás en un hospital?
¿Usted es médico?	¿Tú eres médico?	¿Vos sos médico?
¿Vive en Caracas?	¿Vives en Caracas?	¿Vivís en Caracas?

LECCIÓN 5

Precalentamiento

Se escriben las letras **P**, **A** y **T** en la pizarra y se pide a los alumnos que escriban, en parejas y en el plazo de dos minutos, el mayor número de palabras que empiecen por esas letras. Conviene dar algún ejemplo. Cuando terminen, se comprueba si las han escrito correctamente y se señalan las que han escrito incorrectamente.

A continuación, cada pareja le dice a la clase sus palabras correctas y esta va haciendo el recuento. Gana la pareja que haya logrado escribir correctamente mayor número de palabras.

 Asegúrese de que los alumnos entienden el significado del término **familia**.

Pídales que observen la ilustración y que lean las frases. Introduzca la forma verbal **son** si aún no la conocen.

Pídales que subrayen los nombres de parentesco que aparecen en la frase, que deduzcan el significado de cada uno de ellos y que lo traduzcan a su lengua materna. Pueden comprobarlo consultando un diccionario bilingüe.

FÍJATE EN LA GRAMÁTICA

Centre la atención de los alumnos en el cuadro donde se presenta el léxico relativo a la familia.

Haga notar la diferencia existente entre la forma masculina y la femenina correspondientes a cada concepto.

Es aconsejable realizar un ejercicio en el que el profesor dice una forma masculina, y los alumnos, femenina. Después, al contrario. Finalmente las va alternando.

 a)   Se dibuja en la pizarra el árbol genealógico de la familia Chicote.

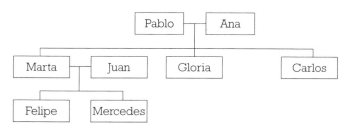

b)   A continuación, los alumnos se fijan en el árbol para descubrir los nombres de las personas a las que se alude en cada frase (pueden leer las frases de la actividad 1).

Puesta en común.

c)   Se les da un minuto de tiempo para que escriban frases similares a las del apartado b). A continuación se las leen al compañero para que diga de quién se trata en cada caso.

 Los alumnos proceden a la lectura individual del texto.

Explique el vocabulario nuevo.

Hágales preguntas con ese vocabulario para asegurarse de que lo comprenden («¿Cómo se llama tu hermano/a mayor?», «¿Estás casada?», etcétera).

Pídales que escriban los nombres propuestos debajo de los dibujos correspondientes.

Comprobación en parejas.

Corrección en grupo-clase: los alumnos ayudan al profesor a completar el árbol genealógico de la familia, con los correspondientes nombres, que ha dibujado en la pizarra.

Solución:

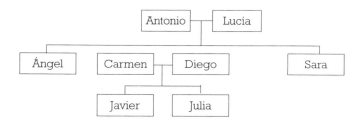

 Como paso previo a la actividad planteada en el Libro del alumno, se les puede pedir que escuchen toda la grabación y que cuenten el número de veces que oigan algún nombre de parentesco (**hermano** se menciona dos veces). Deje bien claro que de momento solo se les pide esa tarea.

A continuación se les dice que miren el árbol familiar de la actividad anterior porque van a escuchar a una persona de esa familia hablando; ellos deben decidir quién es.

Solución: Sara.

«A ver si adivináis quién soy. Es muy fácil. Mirad, mi padre se llama Antonio, y mi madre, Lucía. Tengo un hermano, Ángel, y una hermana. También tengo un sobrino muy gracioso y una sobrina preciosa. ¡Ah!... se

me olvidaba: mi hermana está casada con Diego y se llama Carmen. ¿Sabéis ya quién soy?».

A continuación se les puede hacer leer la transcripción del monólogo de Sara y, si el profesor lo cree conveniente y el nivel del grupo lo permite, los alumnos pueden escribir, en parejas o individualmente, un párrafo similar. Posteriormente lo leen al resto de la clase, que debe adivinar qué miembro de esa familia está hablando.

5 Para introducir la actividad, se les puede decir que cierren los libros y mostrarles la ilustración del libro que tenga el profesor. Se puede preguntar a los alumnos dónde están los personajes y cuáles son sus profesiones. Seguramente dirán que la chica es periodista. Se explica lo que es una «encuesta» y una «encuestadora». La profesión del chico se puede plantear a modo de juego: cada alumno dice una profesión, y a continuación, mediante la lectura y la audición, comprueban si han acertado o no.

Escuchan la encuesta y la leen en el libro.

Explique el vocabulario nuevo. Puede realizar una práctica formulando preguntas que incluyan ese vocabulario a los alumnos.

6 a) Antes de que digan las frases, es conveniente recordarles cuál es la entonación de las frases interrogativas.

b) Escuchan esas frases y comprueban la pronunciación y la entonación.

Se pueden hacer ejercicios de repetición coral e individual escuchando la casete o al profesor.

FÍJATE EN LA GRAMÁTICA

Los alumnos completan individualmente el cuadro con las formas verbales pedidas. Si tienen problemas, pueden consultar el texto de la actividad 3 y la encuesta de la actividad 5 a).

Corrección en grupo-clase.

7 Introduzca **maestra**, **ama de casa** y **jubilado**. Asegúrese mediante preguntas de que han entendido las explicaciones.

Antes de proceder a la audición, informe a los alumnos de que van a escuchar una entrevista para una encuesta.

Procedimiento: seguir los pasos sugeridos para las **escuchas selectivas** (página 6).

— *Oye, perdona, ¿Tienes un momento?*
● *Si es rápido...*
— *Mira, es que estamos haciendo una encuesta sobre la familia española.*
— *¿Podría hacerte unas preguntas?*
● *Sí, sí. Dime.*
— *Mira, ¿estás casada?*
● *Sí.*
— *¿Y tienes hijos?*
● *Sí, una hija de dos años.*
— *¿Trabajas fuera de casa?*
● *Sí, soy maestra.*
— *¿Y tu marido?*
● *Es profesor de inglés en un instituto.*
— *A ver... ¿Tienes hermanos?*
● *Sí, dos hermanas.*
— *¿Y a qué se dedican?*
● *La mayor es enfermera, y la pequeña, médica.*
— *¿Y tus padres?*
● *Mi padre está jubilado y mi madre es ama de casa.*
— *Bien, pues esto es todo. Muchas gracias por tu colaboración.*
● *De nada. Adiós.*
— *Adiós.*

Nota.

Es conveniente que el profesor prevea qué día se va a realizar la actividad 15. Tendrá que pedir a los alumnos que traigan, ese día, una foto de su familia o, en su defecto, la de una familia a la que les gustaría pertenecer (la pueden encontrar en cualquier revista).

8 Actividad comunicativa que integra las cuatro destrezas.

a) Copian la ficha de la actividad 7 y la rellenan con información relativa a ellos mismos y a su familia.

b) Se les da un papel idéntico a todos los alumnos para que pidan a un compañero la información con la que ha rellenado la ficha y la escriben en él.

c) Doblan la ficha de modo que no se pueda ver lo que han escrito y se la dan al profesor. Este, a su vez, las reparte entre todos los estudiantes asegurándose de que no le da a ningún alumno el papel que ha escrito antes o el que contiene información sobre su familia.

d) Cada uno lee por turnos y en voz alta el papel que ha recibido. El alumno a cuya familia se esté aludiendo debe decir: «¡Es mi familia!» cuando la reconozca. Puede ocurrir que varios alumnos reconozcan a la vez a su familia; en ese caso, el que está leyendo les puede hacer preguntas concretas sobre sus familias para comprobar si son iguales o si se trata de una equivocación.

9 Explique la situación planteada y la parte de la carta que aparece en el Libro del alumno. A continuación pídales que completen la carta, en la que solo tienen que escribir sobre su familia: número de miembros, edad, estado civil y profesión de cada uno de ellos.

10 a) Pida a los alumnos que lean y observen los caracteres de las palabras propuestas para deducir su significado. Asegúrese de que las entienden. Comente el género femenino de los adjetivos y escríbalos en la pizarra con la ayuda de los alumnos.

Ejercicio de repetición coral e individual.

También se puede hacer un ejercicio oral de contrarios: el profesor dice un adjetivo (masculino o femenino), y los alumnos, otro que signifique lo contrario. Los colores se pueden trabajar con objetos de la clase. Presente los más comunes: **verde**, **negro**, **marrón**, **azul**, **gris**, **blanco**, **rojo** y **amarillo**.

b) Los alumnos escriben individualmente los adjetivos necesarios para describir a cada uno de los dos personajes.

Puesta en común en grupo-clase.

11 Leen y relacionan las descripciones con las fotos.

Preste especial atención a la presencia de los gradativos **muy**, **bastante** y **un poco**.

Pregunte a sus alumnos si alguna de las descripciones que aparecen en el libro podría aplicarse a algún miembro de la clase.

12 a) Escriben individualmente cada una de las palabras de la actividad 10 en la columna que corresponda para luego formar frases con ellas.

1. **Pasa la pelota.** En grupos de seis u ocho. Un alumno dice un sustantivo y/o un adjetivo y pasa la pelota a otro. El que la recibe debe decir una frase incluyendo esa(s) palabra(s); por ejemplo: «Gafas» → «Lleva gafas».

2. Se divide la pizarra en tres partes. En cada parte se escribe una palabra: «ES», «LLEVA» o «TIENE». Un alumno lanza la pelota contra la pizarra y dice el nombre de un compañero. Este tiene que decir una frase que empiece por la palabra que figura en la parte donde ha tocado la pelota; por ejemplo, si la pelota cae dentro de la palabra «LLEVA», el alumno nombrado podría decir: «Lleva gafas».

3. Existen dos formas de realizar esta actividad:

1. Los alumnos escriben frases sin referirse a nadie en concreto. Posteriormente, cuando las dicen en voz alta, sus compañeros deben identificar a miembros de la clase a quienes se les podría aplicar.

2. Eligen a un compañero y lo van describiendo frase a frase, comenzando por rasgos físicos que comparta con otros alumnos, hasta llegar a un rasgo que le defina de manera exclusiva.

SUGERENCIA

Cada alumno escribe un párrafo describiendo a un compañero cualquiera y luego lo intercambia con su compañero más próximo, que tiene que adivinar de quién se trata. Finalmente se les pide que corrijan los posibles errores.

13 a) Pida a los alumnos que observen el dibujo y que lean el titular del periódico. Explique el vocabulario nuevo para facilitar su comprensión. Asegúrese de que han captado la situación planteada.

b) Actividad de escucha con carácter selectivo.

Los alumnos observan los cuatro dibujos detenidamente antes de escuchar la conversación de Roberto con el mayordomo en la que este describe al amigo de Carmen. Su función consiste en des-

cubrir cuál es el dibujo que corresponde a la persona descrita. Introduzca «Es
este» para que puedan identificarla en la
puesta en común.

Solución: es el chico del dibujo número
cuatro.

Si lo desea, puede explicarles que Roberto
sospecha de uno de sus guardaespaldas.

— *¡Pero, bueno! ¿Y no ha dicho nada?*
● *«Adiós», es lo único que ha dicho.*
— *Y la señora, ¿estaba enfadada... o tris-
te... o algo...?*
● *No, no. Al contrario, estaba muy conten-
ta.*
— *¿Y ese hombre? ¿Lo conoce usted? ¿Lo
ha visto alguna vez?*
● *Nunca, señor...*
— *Y, bueno, ¿cómo es? ¿Qué aspecto
tiene?*
● *Pues... muy alto, rubio, de pelo rizado...
ojos azules...*
— *¿Es joven?*
● *Sí, muy joven; tendrá... pues unos veinti-
cinco años...*
— *¡Siga! ¡Siga!*
● *... delgado... muy guapo... lleva bigote...*
— *¿Lleva el pelo largo?*
● *Sí, sí, muy largo...*
— *¡No... no, no! ¡Imposible!... ¡No puede ser
uno de mis guardaespaldas!*

c) Cada alumno elige mentalmente a una
de esas cuatro personas y observa aten-
tamente su dibujo. Luego se la describe
a su compañero para que la identifique.
Esta actividad se puede presentar a
modo de juego: gana el que tiene que
dar más pistas o, si se prefiere, el que
tiene que dar menos (en este caso, el
alumno tendría que ser más preciso en
la descripción).

14 a) Compruebe si conocen el significado
de alguno de los adjetivos de carácter
propuestos. En caso afirmativo, procure
que se los enseñen a los compañeros
que aún los desconozcan. Introduzca
usted los restantes.

b) Eligen individualmente a un personaje
famoso cuyo carácter pueda ser descrito con dos o tres de los adjetivos vistos
en el apartado anterior.

c) Cada alumno dice la profesión y la nacionalidad de la persona en la que ha
pensado y describe su aspecto y su
carácter. El resto de la clase tiene que
adivinar de quién se trata.

 Para realizar esta actividad comunicativa, ya
se les pidió, después de la actividad 7, que
trajesen una foto de su familia o de una familia a la que les gustaría pertenecer. Si hay
algunos alumnos que no la han traído, se la
da el profesor (conviene asegurarse de que
ninguna pareja tiene dos fotos idénticas).

Se les introduce, sirviéndose de una foto, las
siguientes frases:
«Mira, una foto de mi familia».
«A ver, a ver...».
«Este(a) es...».
«Y este(a), ¿quién es?».

A continuación, cada alumno le enseña la
foto a su compañero y proceden a la interacción propuesta.

DESCUBRE ESPAÑA Y AMÉRICA LATINA

 a) Explique a sus alumnos que en la actividad 2 leerán un texto sobre los diferentes grupos étnicos existentes en América Latina.
Una vez hayan consultado el diccionario,
asegúrese de que han elegido la acep-
ción adecuada en cada caso.

b) Compruebe en grupo-clase si han realizado correctamente los emparejamientos.

2 a) Invíteles a utilizar el diccionario para
poder captar las ideas expresadas en el
texto. Recuérdeles que para ello no
siempre necesitarán buscar todas las
palabras que desconozcan.

b) Cerciórese de que comprenden todas
las frases. Invíteles a señalar si son verdaderas o falsas esas afirmaciones.
Lleve a cabo la puesta en común en
grupo-clase.

c) Dirija el comentario propuesto y ayude
a sus alumnos a comunicar a sus compañeros aquello que deseen expresar y
les resulte complicado.

REPASO 1

Un juego

Se trata de una variante del juego «pasa la pelota».

Los alumnos se ponen de pie y en círculo (en clases numerosas, se forman grupos de seis u ocho). El profesor dice el nombre de un campo léxico estudiado en las cinco primeras lecciones (profesiones, países, nacionalidades, números, descripción física, familia, etc.). El alumno que recibe la pelota tiene que decir una palabra perteneciente a ese campo léxico y pasa la pelota a otro alumno, que debe hacer lo mismo. Cuando el profesor considere que ya han dicho suficientes palabras, nombra otro campo léxico y así sucesivamente. Puede presentarse a modo de juego eliminatorio, quedando excluidos aquellos alumnos que no digan nada o digan palabras que no pertenezcan al campo semántico propuesto por el profesor.

 a) Explique el significado de «empresario» preguntando a los alumnos.

Resalte que se trata de una lectura selectiva y que, por tanto, no se les pide que entiendan todo. Uno de los objetivos de esta actividad es hacer ver al alumno cuánto entiende, no lo que no entiende.

Respuestas:

Juan Manuel; Valencia; Rioja; uruguayo; padres, madres, hijos; empresario; empresa.

Comprobación en parejas.

b) Explique que se trata de una actividad de escucha selectiva. Procédase a la audición seguida para que los alumnos numeren las palabras de la lista elaborada anteriormente.

Respuestas:

1. Empresario.
2. Padres, madres, hijos.
3. Uruguayo.
4. Valencia.
5. Empresa.

Comprobación en parejas.

Corrección en grupo-clase.

c) Escucha de los puntos en los que discrepen y puesta en común.

— *Esta mañana he leído una noticia que me ha llamado mucho la atención.*
• *¿Qué decía?*

— *Se trataba de un empresario que solo da trabajo a jóvenes que buscan su primer empleo, a mayores de cincuenta años y... ahora no me acuerdo... ¡Ah, sí! A padres y madres de familia de más de cuatro hijos.*
• *¡Huy! ¡Qué raro!... ¿Es español?*
— *No. es un paraguayo que vive en Valencia.*
• *¿Y de qué es la empresa?*
— *Es una fábrica de bicicletas.*
• *¿De qué marca?*
— *No sé. No decían la marca. ¡Ah!, y aún hay otra cosa: a todos los que dejan de fumar les suben el sueldo.*
• *¿Y a los que no han fumado nunca, qué?*
— *De esos no decía nada.*

 a) Es conveniente formular algunas preguntas a los alumnos para dirigir la lectura, aceptando respuestas en su lengua materna:

— «¿Qué es?» (Un anuncio.)
— «¿De qué?» (De un programa concurso.)
— «¿Qué se puede ganar?» (Un viaje a París gratis.)
— ...

Introduzca el vocabulario nuevo que aparece en las frases del problema para facilitar la comprensión.

A continuación, los alumnos leen las frases y escriben las respuestas.

b) Escucha para reconocer los nombres y las edades de las personas citadas en las frases. Comparación con sus respuestas anteriores.

Respuestas:

Elena tiene cincuenta y nueve años; Julio, sesenta y siete; Carmen, setenta y uno.

Escucha de los puntos en los que discrepan y puesta en común.

— *Sí, ¿dígame?*
• *Buenas tardes.*
— *Buenas tardes. ¿Cómo se llama?*
• *José.*
— *¿Y de dónde es, José?*
• *De Madrid.*
— *Bien, ya sabe que el programa de hoy es sobre la edad...*
• *Sí.*
— *Así que estoy obligada a hacerle una pregunta...*

- *Pues usted dirá.*
- — *¿Cuántos años tiene?*
- *Cuarenta y nueve.*
- — *Bueno, ahora vamos a ver si acierta y puede pasar unos días en París completamente gratis. ¿Preparado?*
- *Sí, sí.*
- — *¿Cuántos años tiene Julio?*
- *Sesenta y siete, porque tiene ocho más que Elena y Elena tiene... cincuenta y nueve.*
- — *¿Y Carmen?*
- *Setenta y uno.*
- — *¡Muy bien, José! Acaba de ganar un viaje de tres días a París para dos personas. ¡Enhorabuena!*
- *Gracias. Muchas gracias...*
- — *Y dígame, ¿sabe ya con quién va a ir?*
- *Sí, claro. Con mi mujer.*

🎧 c) El profesor escribe las preguntas del libro en la pizarra.

Escucha selectiva con pausas para escribir las respuestas.

Comprobación en parejas.

Puesta en común.

Escucha de los puntos en los que discrepen.

Escucha de comprobación.

3 a) Actividad de repaso de vocabulario. El hecho de que el alumno seleccione y escriba palabras le ayudará a recordarlas en lo sucesivo. Infórmeles de que pueden escribir una misma palabra en más de un apartado.

b) Cada alumno compara su lista con la del compañero para ver si coincide alguna palabra. Es una buena ocasión para que le explique alguna que no recuerde si se da el caso.

4 Pídales que lean las palabras individualmente.

Compruebe si recuerdan el significado de todas. En caso negativo, haga que los alumnos que sí se acuerdan se las expliquen al resto.

Pídales que piensen en sus contrarios. Hágales notar que en el caso de los adjetivos deben mantener el mismo género y número.

Explique las instrucciones del juego.

Demostraciones profesor-alumno, alumno-profesor y alumno-alumno.

Los alumnos juegan en parejas. El profesor supervisa el trabajo de cada pareja comprobando las respuestas y aclarando las posibles dudas y desacuerdos que puedan surgir.

SUGERENCIAS

El profesor divide la pizarra en dos partes. En una escribe la mitad de las palabras propuestas, y en otra, el resto. Divide la clase en parejas: «A» escribe en papelitos diferentes las palabras de la izquierda, y «B», las de la derecha. El profesor recoge los papelitos de cada pareja, los mezcla y los coloca de manera que no se puedan leer las palabras. Los alumnos empiezan a jugar en parejas: cogen un papelito por turnos y tienen que decir lo contrario de la palabra que hay escrita (antes, el profesor hace la demostración). Se puede plantear a modo de juego, para ver cuál de los dos obtiene más puntos. Puntuación: respuesta correcta: un punto; respuesta incorrecta: cero puntos.

Como práctica escrita complementaria, se les puede pedir que hagan una lista de todos los contrarios.

5 Comprobar si entienden todas las frases. Explicaciones de unos alumnos a otros si fuera necesario.

Se les indica que son respuestas y se les pide que piensen en las posibles preguntas.

Explique las reglas del juego ayudándose de un dibujo en la pizarra. Pregúnteles si conocen el juego y asegúrese de que han comprendido lo que tienen que hacer. Aclare que para que un alumno pueda escribir su nombre en una casilla, sus dos compañeros deben dar el visto bueno a la pregunta que haya hecho. En caso de desacuerdo, deben consultar al profesor. Se considerará que una frase está bien si tiene sentido y gramaticalmente es correcta. Solo pueden hacer un intento, por lo cual es muy importante que piensen bien lo que vayan a decir. Si ninguno consigue tres casillas en raya, gana el que escriba su nombre en más casillas.

Demostración del profesor y algún alumno con otras frases que el profesor escribe en el tablero anteriormente dibujado en la pizarra.

Mientras juegan en grupos de tres, el profesor supervisa lo que dicen y anota los problemas que puedan tener para trabajarlos una vez terminado el juego.

EN PORTADA

Se trata de una actividad integrada que tiene como objetivos más importantes:

— La práctica de contenidos lingüísticos aplicada a un contexto natural como es el grupo humano que constituye la clase.

— Contribuir al desarrollo de las relaciones entre sus miembros y a incrementar el grado de conocimiento personal entre los mismos.

— El tratamiento de las cuatro destrezas.

En marcha

Se puede introducir la actividad demostrando a la clase que algunos alumnos no conocen mucho a otros. Para ello se les hace preguntas a determinados alumnos sobre otros —preguntas que el profesor crea que no pueden responder; por ejemplo, «(Nombre de un alumno), ¿cuántas hermanas tiene (nombre de otro alumno)?».

1. Pídales que lean los diferentes apartados del cuestionario.

   Consiga que los alumnos hagan las preguntas.

2. Cada alumno elige a un compañero que no conozca mucho y le formula las preguntas para completar la ficha con las respuestas.

   a) Se basan en dichas respuestas para escribir un texto sobre el citado compañero. Tendrán que describir su físico y su carácter, previa demostración del profesor en la pizarra.

   Haga notar la necesidad de usar **y** y **pero**, así como la puntuación adecuada.

   b) Cada alumno corrige el texto que ha sido escrito sobre él. Para ello, solamente subraya las palabras que cree que contienen errores. El profesor lo mira y solo dice si, efectivamente, son errores o no, pero no los corrige.

   A continuación comentan con el autor del texto los errores que ha cometido. El profesor supervisa dichos comentarios y aclara las posibles dudas y desacuerdos que puedan surgir.

   Los alumnos que hayan cometido errores escriben el texto de nuevo.

3. Juego cuyo objetivo es la precisión en la expresión oral.

   El profesor explica las instrucciones y cronometra el tiempo (un minuto). Trabajan en grupos de tres, con dos nuevos compañeros. Habla uno, y los otros dos tratan de detectar los posibles errores para hacerle detenerse cuando cometa alguno. Continúa quien lo haya detectado y gana el alumno que esté hablando cuando concluya el minuto.

4. Le entregan los textos al profesor para que este los ponga en la pared. El hecho de verlos expuestos aumentará la confianza de los alumnos en sí mismos y les ayudará a tomar conciencia de la utilidad de lo que están aprendiendo.

SUGERENCIA

Los alumnos leen todos los textos que deseen y luego pueden comentar algunos aspectos con toda la clase: algo nuevo que no sabían, algo que les resulte curioso, poco común, etc.

LECCIÓN 6

Precalentamiento

El profesor coloca ocho o diez fotos de personajes (famosos o no) en la pizarra. Conviene que al menos la mayoría de ellos tenga un aspecto claramente diferenciado entre sí. A continuación se pide a los alumnos que elijan a una de esas personas y que la describan mentalmente. Por último, tienen que describírsela en voz alta a sus compañeros para que adivinen de quién se trata. Antes de llevar a cabo el último paso, se introduce «¿Es este/esta?» para facilitar la realización de la actividad.

 Esta actividad tiene como objetivo crear en el alumno hábitos de trabajo que fomenten su autonomía.

a) Cada alumno busca las cuatro palabras que quiera en un diccionario y las anota, con la traducción correspondiente.

b) Preguntan, en grupo-clase, a sus compañeros cómo se dicen en una lengua común las palabras que aún no conozcan. Es probable que, una vez que los alumnos hayan concluido su intercambio, el profesor tenga que explicar algunas palabras que estos no hayan buscado en el diccionario.

SUGERENCIA

En clases donde los alumnos no puedan comunicarse en una lengua común, el profesor introduce el vocabulario mostrando objetos auténticos (muchos de ellos se hallan en el aula) o fotos o dibujos.

 Mientras los alumnos escriben la palabra correspondiente a cada número, el profesor supervisa la ortografía.

Corrección en grupo-clase.

 La discriminación del número de sílabas, además de iniciar al alumno en la correcta pronunciación de los diptongos, es útil para poder discriminar la sílaba más fuerte de una palabra, aspecto en el que se insistirá en lecciones posteriores.

El profesor presenta el concepto de sílaba ayudándose de palabras que los alumnos ya conozcan. Es de gran utilidad marcar y contar las sílabas con los dedos (no olvide que usted está situado frente a los alumnos, razón por la cual deberá marcar y contar de derecha a izquierda).

🎧 a) Demostración de la tarea pedida con los ejemplos que aparecen en el libro.

Escuchan la grabación y escriben cada palabra en la columna correspondiente.

Mesa - sobres - libros silla - periódico - sellos - bolso - agenda - llaves - cuaderno - postal - diccionario - bolígrafos - lámpara - mapa - cartas.

🎧 b) La corrección puede realizarse de cualquiera de estas dos formas:

— Escuchando la grabación en la que se dicen las palabras agrupadas por el número de sílabas.

— El profesor copia en la pizarra los tres modelos propuestos en el libro y pide a varios alumnos que completen las tres columnas para proceder finalmente a la corrección entre todos.

Dos sílabas

Mesa - sobres - libros - silla - sellos - bolso - llaves - postal - mapa - cartas.

Tres sílabas

Agenda - cuaderno - lámpara.

Cuatro sílabas

Periódico - diccionario - bolígrafo.

🎧 c) Ejercicios de repetición coral e individual.

Es conveniente hacer ver al alumno la importancia de la pronunciación, el acento y la entonación en el proceso comunicativo. Una pronunciación y una entonación adecuadas harán que sus interlocutores les entiendan fácilmente, a la vez que se verá favorecida su propia capacidad de comprensión.

FÍJATE EN LA GRAMÁTICA

Pida a los alumnos que observen el cuadro y explique la concordancia del artículo indeterminado con el sustantivo en género y número. Resalte el carácter invariable de **hay**.

4 Esta actividad puede ser realizada como un juego en parejas. Cada alumno dispone de diez segundos para decir, por turnos, una frase mencionando una de las cosas que hay en la mesa al mismo tiempo que va anotando el número de frases que ha conseguido decir. Gana el miembro de la pareja que logre decir más frases.

5 Para a) y b) son válidas las instrucciones apuntadas en la actividad 12 de la lección 2, con una salvedad: se pueden hacer encadenamientos de números por centenas (0, 100, 200...; 1.000, 900, 800...).

Resalte los siguientes aspectos:

— Alternancia **cien/ciento**.
— Ausencia de **y** entre la centena y la decena, y entre el millar y la centena.
— Concordancia de género de la centena con el sustantivo, excepto en los casos de **cien** y **ciento**.

c) Los alumnos practican individualmente la pronunciación de los números propuestos. A continuación, pida a algunos de ellos que los digan en voz alta. Por último, invíteles a que comenten con sus compañeros las peculiaridades del español con respecto a su lengua en lo referente a los números vistos.

 6 Pida a los alumnos que digan los números que aparecen en el Libro del alumno.

Escuchan los diálogos y marcan el número que oigan en cada uno de ellos.

a) — *¿En qué número de autobús puedo ir a tu casa?*
   • *En el 127.*

b) — *Granada no está lejos de aquí, ¿no?*
   • *No mucho, a 130 kilómetros, más o menos.*

c) — *¿A qué altura de Gran Vía vives?*
   • *En el número noventa y dos.*

d) — *Oye, ¿qué número de asiento tienes?*
   • *A ver... el sesenta y seis.*

e) — *Tú vives cerca de aquí, ¿verdad?*
   • *A unos quinientos metros.*

 7 Pídales que miren el dibujo y asegúrese de que han comprendido en qué consiste el juego. Forme grupos de seis y ocho miembros antes de empezar a jugar.

SUGERENCIA

Un alumno piensa en un número y sus compañeros tratan de adivinarlo. Según van diciendo números, aquel va dando pistas («Más»/«Menos»).

 8 Pídales que observen la foto y que intenten deducir la diferencia entre **billete** y **moneda**.

Escriba el valor de cada billete y de cada moneda en la pizarra y haga que los alumnos digan el valor correspondiente en cada caso.

Invíteles a averiguar a cuánto asciende la suma de esos billetes y monedas: a 888 euros.

9 a) Pida a los alumnos que observen la lista y explique de qué se trata. Pregúnteles dónde pueden encontrar este tipo de listas. Resalte el doble sentido de la palabra «moneda» y pregúnteles si se halla en esa lista la de su país. Aproveche para introducir los nombres de las monedas que puedan necesitar los alumnos y que no estén en la lista.

Pídales que lean las preguntas y explique el vocabulario nuevo que aparece en ellas. Finalmente, formúleselas a determinados estudiantes.

b) Ejercicios de repetición coral e individual de «¿Cuál es la moneda de tu país?». Estimule a algún alumno a que le formule esa pregunta y a continuación pídales que realicen la práctica comunicativa en parejas (forme parejas con miembros de diferentes nacionalidades si ello fuera posible).

 10 a) Observando las fotos, los alumnos podrán comprender el significado de las palabras que en ellas aparecen. Haga énfasis en la diferencia entre **librería** y **papelería**, e introduzca **estanco**, **tienda** y **venden**.

Pídales que relacionen las tiendas con los artículos propuestos y que escriban frases como la del modelo indicando lo que venden en esas tiendas en su país.

Finalmente, compare lo que hayan escrito con lo que se vende en esos establecimientos en España.

b) Asegúrese de que conocen **también** y anímeles a que digan frases mencionando otros productos que también se venden en esas tiendas (en España y en su país). Sugiérales que le pregunten a usted cómo se dicen en español las palabras que necesiten y que desconozcan.

a) Pida a los alumnos que miren el dibujo y pregúnteles dónde están las personas que aparecen en él.

Después de escuchar y leer el diálogo, compruebe lo que han comprendido y explique las estructuras y el vocabulario nuevo. Realice ejercicios de repetición coral e individual, y use la técnica de encadenamiento hacia atrás si lo cree necesario.

b) Pídales que practiquen el diálogo en parejas pudiendo recurrir al texto del libro cuando lo necesiten. Recuérdeles el procedimiento de leer, alzar la vista y hablar al compañero.

FÍJATE EN LA GRAMÁTICA

Los alumnos observan el esquema donde se presentan los adjetivos demostrativos **este, esta, estos, estas** y **ese, esa, esos, esas**. Se puede hacer una pequeña práctica incidiendo en la concordancia del adjetivo demostrativo con el sustantivo en género y número.

Profesor: «Libro».
Alumno: «Este libro» o «ese libro».

Introduzca los pronombres demostrativos **este, esta, estos, estas,** y **ese, esa, esos, esas**, y plantee situaciones que lleven a los alumnos a realizar prácticas de este tipo:

— «¿Puedo ver ese diccionario?».
• «¿Este?».

Resalte la importancia de aspectos extralingüísticos, tales como los gestos, la entonación, etcétera, en el proceso comunicativo.

Pida a los alumnos que ordenen los dos diálogos propuestos y que escriban las frases en las burbujas correspondientes.

a) Procedimiento: seguir los pasos sugeridos para las **escuchas selectivas** (página 6).

1

Dependienta: *Buenos días. ¿Qué desea?*
Clienta: *Pues quería un bolígrafo... no sé... para un chico joven.*
Dependienta: *¿Qué le parecen estos?*
Clienta: *¿Puedo ver ese?*
Dependienta: *Sí, claro.*
Clienta: *¿Cuánto cuesta?*
Dependienta: *Seis euros con cincuenta y siete céntimos.*
Clienta: *Pues este mismo.*
Dependienta: *Muy bien.*

2

Clienta: *¿Cuánto cuesta esa agenda negra?*
Dependienta: *¿Cuál? ¿Esta?*
Clienta: *Sí.*
Dependienta: *A ver... Ocho euros con noventa y dos céntimos.*
Clienta: *Humm... Volveré mañana. Adiós.*
Dependienta: *Adiós.*

b) Actividad de práctica libre en la que los alumnos representan los papeles de cliente y dependiente de una tienda.

Pasos a seguir:

1. Los alumnos leen la parte que les corresponde y consultan las dudas que puedan tener. Antes de comenzar, reflexionan y preparan la situación y el lenguaje que van a necesitar.

2. Demostración profesor-alumno.

3. Práctica en parejas o en grupos simultáneos. Durante su realización el profesor toma nota de los errores importantes y, una vez terminada esta fase, puede comentar con los alumnos las dificultades lingüísticas que han tenido.

4. Cambio de papeles, o de parejas o grupos, para continuar la actividad.

Nota.

Piense en el día en que va a realizar la actividad 14 de la lección 7 y pida a los alumnos que lleven ese día a clase fotos de su pueblo o su ciudad para trabajar con ellas.

DESCUBRE ESPAÑA Y AMÉRICA LATINA

a) Asegúrese de que entienden el significado del término «mercado» y pídales que observen las fotos y lean el texto. Ofrézcales la posibilidad de consultar el diccionario cuando lo precisen.

b) Señale si las informaciones dadas son verdaderas o falsas. Coordine la puesta en común, confirme que las tres prime-ras informaciones son falsas y solicite la información verdadera en cada caso.

c) Invíteles a comentar con sus compañe-ros lo que consideren más interesante. Ayúdeles a comunicar aquello que de-seen expresar y les resulte complicado.

LECCIÓN 7

Precalentamiento

El juego de las adivinanzas. Un alumno piensa en un personaje famoso y los demás intentan adivinar quién es. Para ello pueden hacer las preguntas que quieran, a las que su compañero solo responderá «Sí» o «No».

❶ a) Los alumnos observan las fotos de Antigua y Barcelona. Compruebe qué saben de esas ciudades.

Pídales que piensen en las palabras necesarias para describirlas. Pueden usar el diccionario. A continuación las describen en grupo-clase. Anímeles a que expliquen a sus compañeros las palabras nuevas que vayan a tratar en la lección y otras de uso frecuente.

b) Los alumnos leen los textos y los relacionan con las fotos. Puede contrastar la información que aparece con lo que anteriormente hayan dicho los alumnos sobre esas ciudades.

Sírvase de los mapas y de las fotos para introducir el vocabulario clave de los textos que no haya sido tratado en el apartado a).

❷ a) Antes de leer en voz alta las frases propuestas, pida a los alumnos que cuando oigan alguna palabra que desconozcan, levanten la mano y pregunten lo que significa.

Forme parejas cuyos miembros sean preferiblemente de la misma nacionalidad y pídales que hagan una lista de ciudades que conozcan y que respondan a las características propuestas.

b) Forme nuevas parejas para que comparen y comenten sus listas.

❸ a) Pregunte a determinados alumnos cómo se escriben algunas palabras que tengan las letras **c, z** o **q** que ya hayan sido presentadas en el curso («calle», «plaza», «qué», etc.) y escriba sus respuestas en la pizarra. Utilícelas para explicar las reglas de ortografía relativas al uso de las citadas letras.

🎧 A continuación escuchan la grabación y copian en la columna correspondiente (/θ /o /**K**/) las palabras que oigan. Se trata

de nombres de ciudades españolas y es muy probable que no conozcan la mayoría de ellos. Dado que el objetivo de este dictado es que apliquen las reglas que se acaban de presentar, no tendría mucho sentido hacerlo con palabras que ya conocieran.

Zamora, Mallorca, Zaragoza, Córdoba, Cuenca, Salamanca, Barcelona, Cáceres, Alicante, Ceuta, Lanzarote, La Coruña, Murcia, Badajoz, Valencia.

b) Los alumnos buscan esas ciudades en el mapa y comprueban si las han escrito correctamente o no. Si tienen dificultades para localizar alguna, indíqueles dónde está situada («En el (sur) de España, al (sur) de (Madrid)»).

🎧 c) Preste especial atención a la pronunciación de los sonidos (/θ/ y /**K**/).

❹ Haga alguna demostración con algún alumno antes de que jueguen con el compañero. Muestre de manera clara las diferentes alternativas existentes:

«... en el norte/centro/sudeste/... de España».
«... en la costa mediterránea/atlántica o cantábrica».
«... cerca de Bilbao/Francia/la costa... ».

❺ a) Los alumnos completan las frases individualmente. Si lo necesitan, pueden consultar los textos de la actividad 1.

Comprueban con el compañero antes de proceder a la corrección en grupo-clase.

b) Pídales que busquen en el mapa de España una ciudad de esas características.

Posible respuesta: Cádiz o Huelva.

Sistematice los usos de **ser** y **estar** aparecidos en esta lección y en las anteriores. Puede pedir a los alumnos que hagan el ejercicio 2 del Cuaderno de ejercicios.

❻ Juego de las adivinanzas, en grupos de tres o cuatro alumnos. En este caso tienen que adivinar ciudades. Ya conocen el juego (se ha practicado en la actividad de precalentamiento sugerida en esta lección).

🎧**❼** a) Los alumnos escuchan la grabación y leen los números para identificarlos.

b) Escuchan la cinta de nuevo (o al profesor) y repiten coral e individualmente.

Resalte los siguientes aspectos:

— Invariabilidad del **mil**.
— Concordancia de número de **millón** y **millones** con el sustantivo.
— El uso de la preposición **de** cuando **millón** y **millones** va seguido de un sustantivo.

c) Una vez practicados individualmente los números propuestos, pida a determinados alumnos que los digan en voz alta.

8 Antes de hacer el ejercicio de relacionar, explique el significado y el uso de las marcas de cantidad aproximada propuestas.

9 Aclare con los alumnos el significado de **capital** y **habitantes** refiriéndose a Madrid, París, Roma, etcétera. Practique las preguntas coral e individualmente proponiendo los nombres de otras capitales que puedan resultar familiares a los alumnos.

Para practicar el diálogo presentado en el Libro del alumno, organice las parejas con miembros de diferentes nacionalidades. Si no fuera posible, pídales que elijan otros países y capitales para realizar la actividad.

10 Pida a los alumnos nombres de países latinoamericanos. Asegúrese de que conocen los nombres de las capitales de los seis países con los que van a trabajar. Preste atención a la pronunciación y al acento.

Realización de la actividad de vacío de información: ver **vacíos de información**, página 6. Pídales que digan el número exacto de habitantes, tal como aparece en el Libro del alumno.

11 Actividad de carácter cultural que permite la práctica controlada de la escritura. Preséntela diciendo y preguntando por qué son famosos ciertos lugares que puedan resultar conocidos a sus alumnos. Antes de pedirles que la realicen, explíqueles dónde se hallan los lugares propuestos y asegúrese de que conocen el vocabulario con el que van a trabajar.

12 a) Mediante la escucha, sin pausas, de la conversación, los alumnos obtienen la información que les permitirá relacionar una de las tres imágenes con la ciudad que constituye el tema de la conversación.

Respuesta: la foto n° 3 (Segovia).

Pepe:	*Oye, Esmeralda, tú no eres de Madrid, ¿verdad?*
Esmeralda:	*No, no. Soy de Segovia. ¿Has estado allí alguna vez?*
Pepe:	*No...*
Esmeralda:	*Pues no sabes lo que te pierdes.*
Pepe:	*Ya me imagino. Si te digo la verdad, no sé ni dónde está exactamente.*
Esmeralda:	*Pues mira, Segovia está muy cerca de Madrid, a unos cien kilómetros al noroeste.*
Pepe:	*Es una ciudad pequeña, ¿no?*
Esmeralda:	*Sí, solo tiene 50.000 habitantes aproximadamente.*
Pepe:	*¿Y cómo es?*
Esmeralda:	*Pues... es una ciudad antigua y muy bonita... No sé... Es muy tranquila, pero también es bastante divertida, sobre todo los fines de semana.*
Pepe:	*... Y tiene un acueducto muy famoso, ¿no?*
Esmeralda:	*Famosísimo. Espero, aquí tengo unas fotos. Mira, este es el acueducto.*
Pepe:	*¡Qué bonito!... ¿Y eso qué es?*
Esmeralda:	*La catedral.*
Pepe:	*¡Es preciosa!... ¿Y esto?*
Esmeralda:	*Es una de las muchas iglesias que tiene... No me acuerdo cómo se llama... Esto es el Alcázar... Esto, la parte antigua...*
Pepe:	*¿Y eso?*
Esmeralda:	*Es una calle del Barrio Judío.*
Pepe:	*¡Ah! ¿También tiene un Barrio Judío?*
Esmeralda:	*Sí, pero es muy pequeño.*

b) Introduzca **iglesia**, **catedral** y **barrio**.

Realización: véanse pasos 2-7 de **escuchas selectivas**, página 6 (el paso número 1 ha sido llevado a cabo en el apartado anterior).

13 El doble objetivo de esta actividad consiste en iniciar al alumno en el uso de diccionarios monolingües y en practicar la lectura de carácter selectivo. Se trata de centrar la atención del alumno en lo que entiende, no en lo que no entiende. Hágaselo saber y estimúlele a practicar ese tipo de lectura dentro y fuera del aula siempre que se le presente la oportunidad: leyendo carteles, lecturas niveladas, etcétera.

14 Actividad de práctica libre en la que se produce una interacción comunicativa. Es aconsejable que muestren y expliquen al compañero fotos o postales de sus respectivos pueblos o ciudades.

Si los dos miembros de la pareja proceden del mismo lugar, se les puede pedir que hablen de un lugar que tenga un interés especial para ellos. Si fuera posible, entrégueles fotos o postales de los lugares elegidos para que se las muestren al interlocutor.

15 Actividad apropiada para realizar individualmente fuera del aula. Haga mucho énfasis en que no mencionen el nombre de la ciudad elegida, condición indispensable para poder utilizar sus redacciones en la actividad de precalentamiento sugerida en la lección 8.

DESCUBRE ESPAÑA Y AMÉRICA LATINA

a) Pida a sus alumnos que señalen en el mapa de América Latina los lugares mencionados: los Andes, el río Amazonas, el mar Caribe y Sudamérica.

Ofrézcales la posibilidad de consultar el diccionario al leer el texto.

Una vez completado el texto, dirija la puesta en común en grupo-clase.

b) Supervise las dos preguntas que escriba cada estudiante y suministre la ayuda lingüística necesaria.

c) Cada alumno confirma si la respuesta de su compañero es acertada. Supervise el trabajo de las diferentes parejas.

d) Coordine el comentario propuesto en grupo-clase y ayude a sus alumnos a comunicar aquello que deseen expresar y les resulte complicado.

LECCIÓN 8

Precalentamiento

Coloque en las paredes del aula las redacciones pedidas en la actividad 15 de la lección 7 y estimule a los alumnos a que intenten adivinar de qué ciudad se trata en cada caso. Si tienen dificultades, pueden formular las preguntas que quieran a los autores; estos solo pueden responder «Sí» o «No». En clases numerosas es aconsejable realizar la actividad en grupos de seis u ocho alumnos.

Puede proponer a los alumnos que corrijan las redacciones, de manera que cada uno corregiría la redacción de su compañero y posteriormente comentaría con él los posibles errores. La función del profesor consistiría en supervisar las correcciones y los comentarios.

1 Juegue al ahorcado con **habitación** y explique su significado, así como el de **casa**, **piso** y **apartamento**.

Introduzca los nombres de las habitaciones con fotos o dibujos.

Ejercicios de repetición coral e individual.

Los alumnos relacionan las fotos con los nombres que aparecen en el Libro del alumno.

2 a) Pida a los alumnos que lean el anuncio con la ayuda del diccionario.

Utilice el vocabulario del anuncio para que los alumnos describan su casa, por ejemplo.

b) Los alumnos escriben frases describiendo el piso del anuncio. Pídales que las comparen con las de su compañero antes de proceder a la corrección en grupo-clase.

3 Asegúrese de que entienden todo el vocabulario.

 Realización de la actividad: véase **escuchas selectivas**, página 6.

Rosa: *¿Sabes que me he cambiado de casa?*

Pepe: *¡Ah!, pues no sabía nada. ¿Y dónde vives ahora?*

Rosa: *En un piso del centro con dos amigos.*

Pepe: *¿Y qué tal? ¿Estás bien?*

Rosa: *Ya lo creo, es precioso... Es un piso de esos antiguos y grandes del casco antiguo. Tendrá... pues unos ciento ochenta metros cuadrados, con cuatro habitaciones, el comedor, la cocina, dos baños...*

Pepe: *¿Y de luz?*

Rosa: *¡Huy! Tiene muchísima luz, es que da a una calle muy ancha.*

Pepe: *¡Qué bien! ¡Con lo que te gusta a ti el sol!*

Rosa: *Sí, pero hay una cosa que no me gusta tanto: es un cuarto piso y no tiene ascensor.*

 Pídales que describan su casa a un compañero, el cual tomará nota. Explíqueles que necesitarán esta información en la actividad 12.

5 a) Cada alumno busca el significado de cinco palabras en el diccionario.

b) Pida a los alumnos que pregunten a sus compañeros cómo se dicen las palabras de la lista que desconozcan. Asegúrese de que se han enseñado todas; en caso negativo, introduzca las que falten.

c) Escriben debajo de cada dibujo la palabra correspondiente.

6 Ejercicio de discriminación silábica y de sensibilización sobre el acento tónico. De momento no se trabaja el acento gráfico.

a) Escriba los tres encabezamientos en la pizarra y escriba las palabras que le vayan diciendo los alumnos en la columna correspondiente.

Pídales que escuchen la casete y que escriban cada una de las palabras que oigan en la columna que corresponda.

Sofá, ducha, lámpara, frigorífico, escalera, salón, dormitorio, sillón, cuarto, baño, comedor, bañera, cama, lavabo, televisión, lavadora, cocina, armario, estantería, mesilla, estudio, terraza.

Corrección en grupo-clase de las palabras previamente escritas en la pizarra por algunos alumnos.

b) Introduzca el concepto «sílaba más fuerte». Demuéstrelo diciendo algunas palabras que conozcan los alumnos y pidiéndoles que discriminen sus sílabas más fuertes. A continuación escuchan de nuevo las palabras del apartado a) y subrayan la sílaba más fuerte de cada una de ellas.

Corrección: sígase el mismo procedimiento que en a).

7 Juego en parejas: un alumno elige una habitación de la actividad 1 y dice lo que hay en ella para que su compañero trate de adivinar cuál es.

8 Pida a los alumnos que observen los dibujos y que los relacionen con las frases.

Corrección: pregunte dónde está el niño en cada caso.

Se sugiere anotar en la pizarra las preposiciones y los adverbios de lugar propuestos.

9 Grabe la interacción producida durante el juego por algunas parejas que así lo deseen y proceda a una posterior audición analítica en grupo-clase. Esta será especialmente útil porque permitirá al alumno escucharse a sí mismo hablando español y autoevaluarse en aspectos tales como pronunciación, acento, entonación, naturalidad y fluidez. Pídale que comente a sus compañeros sus propias impresiones sobre su forma de expresarse en español.

🎧 10 Procedimiento: seguir los pasos sugeridos para las **escuchas selectivas** (página 6).

Con el fin de activar los nombres de los muebles que habrá de reconocer durante la audición, puede elegir una de las cuatro habitaciones y solicitar a sus alumnos los nombres de los muebles que haya en ella. Si lo considera conveniente, puede proponerles también que la describan (en ese caso se recomienda trabajar con cualquiera de las habitaciones excepto con la primera, que es la que se describe en la audición).

[Hay que asegurarse de que la habitación descrita en la audición es la primera que aparecerá en el Libro del alumno.]

Es una habitación cuadrada y bastante grande, de unos quince metros cuadrados. Según se entra, casi en el rincón de la derecha, hay un sillón y una mesita redonda. Detrás de la mesita hay una estantería, y justo en el rincón, detrás del sillón, hay una lámpara de pie.

La cama está también a la derecha, pero en el rincón de enfrente, y la mesilla está al lado de la cama, a la izquierda.

También hay un armario bastante pequeño y una mesa de trabajo.

SUGERENCIA

Eligen una de las cuatro habitaciones y se la describen al compañero para que descubra de cuál se trata.

11 Divida la clase en parejas y pida a los alumnos que miren sus respectivos dibujos del salón. Explíqueles que están incompletos puesto que faltan algunos elementos que hay en el dibujo de su compañero.

1. Cada alumno pregunta a su compañero qué hay en el salón de este y hace una lista con lo que le diga.

2. A continuación pregunta al compañero dónde están situados los elementos de la lista que no están en su dibujo del salón y los dibujan en el lugar correspondiente.

   Demostración profesor-alumno y alumno-alumno.

3. Comparan los dibujos para comprobar si los han dibujado en los lugares adecuados. En caso negativo, hágales reflexionar sobre las causas: ¿es debido a que el compañero ha descrito incorrectamente su dibujo o, por el contrario, se han equivocado ellos?

12 a) Cada alumno hace preguntas a su compañero sobre la habitación de este y dibuja un plano de la misma con su ayuda.

b) Actividad destinada a la práctica de la escritura especialmente indicada para realizarla fuera del aula.

DESCUBRE ESPAÑA Y AMÉRICA LATINA

1 Explique dónde se hallan y cómo son los diferentes lugares españoles propuestos.

Deles el tiempo necesario para que relacionen las fotos con esos lugares.

Dirija la puesta en común en grupo-clase.

Emparejamientos:

A - pueblo turístico de la costa mediterránea; B - pueblo de pescadores de la costa cantábrica; C - pueblo blanco del interior de Andalucía; D - ciudad española grande; E - pueblo castellano; F - casa de campo del norte de España.

a) Cada estudiante trata de imaginarse cómo es la vivienda ideal del español medio y, a continuación, se la describe al compañero.

b) Leen el texto y comprueban si existen coincidencias entre lo que han imaginado en el apartado anterior y las informaciones que acaban de descubrir. Resuel-

va las dudas lingüísticas que tengan los estudiantes.

c) Dirija el comentario propuesto y ayude a los alumnos a expresarse cuando les resulte muy complicado.

a) Cada alumno hace un plano de su vivienda ideal y prepara su descripción.

b) La describen individualmente por turnos y cada estudiante decide y comenta a sus dos compañeros si su vivienda ideal se asemeja a la de alguno de ellos.

LECCIÓN 9

1 Comente, preferiblemente con un plano de la población en la que se encuentren, el vocabulario nuevo que aparece en las preguntas.

Pida a los alumnos que observen el plano de la actividad y que respondan individualmente a las preguntas. Pueden anotar las respuestas si así lo desean.

2 Actividad destinada a la discriminación de los sonidos /x/ y /g/, representados por **j** o **g** y por **g** o **gu**, respectivamente.

a) Pida a los alumnos que busquen en el plano de la actividad anterior dos palabras que contengan las letras citadas y que las pronuncien. Finalmente, presente usted los modelos de pronunciación y contrástelos con lo pronunciado anteriormente por los alumnos.

b) Pídales que observen el cuadro y explique las reglas de ortografía presentadas en él. Como ejemplos, cite palabras que conozcan y nombres de personas: **hijo, gordo, guapo, Juan**, etcétera.

c) Los alumnos buscan y escriben en la columna correspondiente palabras que contengan las letras **j** y **g**. Antes de pronunciarlas en grupo-clase, lo hacen individualmente aplicando las reglas presentadas en el apartado b).

d) Pídales que escuchen la grabación y que escriban las palabras que oigan en la columna apropiada.

Corrección en grupo-clase de las palabras escritas por algunos alumnos en la pizarra.

Gire, siga, goma, junto, sigue, gato, coge, ganar, ajo, baja, sigo, baje, jabón, gente, seguir, gitano, guapo, coja, segundo.

e) Cada alumno añade a sus dos columnas otras palabras que conozca con las mencionadas letras. Posteriormente se las dicta a un compañero para que las escriba en la pizarra. El resto de la clase corrige los posibles errores.

3 a) Los alumnos siguen los diálogos en sus libros a la vez que los escuchan.

Comente el vocabulario nuevo.

Hágales escuchar de nuevo las grabaciones.

b) Cada alumno decide a qué diálogo corresponde el dibujo

Respuesta: al n.º 1.

c) Ejercicios de repetición coral e individual realizados con la casete o el profesor.

4 Introduzca el masculino y el femenino de los números cardinales propuestos.

Indique claramente dónde se encuentra el punto A y pídales que escriban las respuestas a las preguntas formuladas, previa demostración suya con otros lugares del mismo plano. Recuérdeles que pueden consultar los diálogos de la actividad anterior si lo necesitan.

Pida a tres alumnos que escriban una respuesta cada uno en la pizarra y procédase a la corrección en grupo-clase.

5 Ya se han introducido en la lección 4 ciertos usos de los registros formal e informal en el proceso comunicativo. Pida a los alumnos que intenten recordar el uso de cada uno de ellos cuando pedimos o damos instrucciones para llegar a un sitio.

a) Asegúrese de que comprenden el significado del vocabulario propuesto.

Dibuje un plano en la pizarra y señale ciertos puntos en él. Pida a algunos alumnos que le indiquen el camino para llegar a ellos desde otros puntos y márquelo en el plano mencionado. A continuación proponga la misma práctica entre alumnos.

b) Pídales que lean el diálogo individualmente e introduzca el vocabulario nuevo.

Antes de marcar el camino en el plano, asegúrese de que saben dónde se hallan esas personas.

FÍJATE EN LA GRAMÁTICA

Los alumnos completan individualmente el cuadro con las formas del imperativo que faltan. Si tienen dificultades, pueden consultar el diálogo anterior.

Resalte la alternancia de las letras **c - z** y **g - j**, cuestiones tratadas en la lección 7 y en la presente.

Puede realizar un ejercicio oral de este tipo:

Profesor: «Cruza». Alumno: «Cruce».
Profesor: «Gire». Alumno: «Gira».

 a) Cada alumno escribe las instrucciones necesarias para llegar a los lugares propuestos. Sugiérales que consulten las dudas que puedan tener y supervise lo que escriban.

b) Practican diálogos con el compañero. Preguntan y dan las instrucciones por turnos. Supervise la interacción comunicativa de alguna pareja que pueda tener problemas, antes de pasar al siguiente diálogo.

 Pasos a llevar a cabo: véase **escuchas selectivas**, página 6.

— *Oiga, perdone, ¿sabe dónde está el cine Rex?*

• *Sí, mire, coja la primera a la derecha y siga todo recto. Entonces verá una plaza. La cruza y es la primera a la izquierda. El cine está allí mismo, a la derecha.*

— *¿Cómo se llama la calle?*

• *Soria. Es la calle Soria. Pero vamos, es muy fácil, no tiene pérdida.*

— *De acuerdo. Muchas gracias.*

• *Adiós.*

 El alumno coloca ciertos elementos donde quiera en el plano propuesto, común a todos los alumnos. Los demás pasos son los mismos que los de cualquier otra actividad de vacío informativo (véase **vacíos de información,** página 6).

Para que la actividad sea más completa, pídales que en la mitad de los casos se expresen en un registro formal, y en la otra mitad, en un registro informal.

 Pida a los alumnos que estudien el dibujo.

Pregunte cuándo se dice **menos** y cuando se dice **y**.

Resalte la necesidad de utilizar el artículo **la/las** para decir la hora.

Coloque las agujas de un reloj en diferentes posiciones y pregunte a los alumnos qué hora es en cada caso.

Puede comentar la otra forma de decir la hora («las catorce treinta y cinco», «las veintidós horas», etcétera).

 Los alumnos escriben las horas propuestas debajo de los relojes correspondientes.

Compruebe las respuestas y pídales que escriban las horas que faltan.

Corrección: pida a tres alumnos que las escriban en la pizarra para proceder a la corrección en grupo-clase.

FÍJATE EN LA GRAMÁTICA

Los alumnos observan el cuadro.

Forme parejas y pida a uno de los miembros que le pregunte la hora a su compañero. Aproveche otros momentos de la clase para pedirle a este que haga lo mismo.

 a) Antes de que escuchen y subrayen las horas que oigan, pida a los alumnos que lean todas.

Uno. — *¿Qué hora es?*
• *Las doce y media.*
— *¡Uff...! ¡Qué tarde!*

Dos. — *Perdone, ¿tiene hora?*
• *Sí, son las ocho y cuarto.*
— *Gracias.*

Tres. — *¿Qué hora tienes?*
• *Las tres menos veinticinco.*

Cuatro. — *Perdone, ¿tiene hora?*
• *Las seis y diez.*
— *Gracias.*

b) Se trata de un juego que reviste un cierto grado de dificultad. Un alumno dice una hora y su compañero tiene que invertir mentalmente la posición de las agujas del reloj, operación que lleva cierto tiempo.

Háganse varias demostraciones profesor-alumno y alumno-alumno.

 a) Ordenar los días de la semana no les resultará difícil. Resalte que el lunes es el primer día de la semana.

 b) Una vez hayan escuchado y comprobado el orden, se realizan ejercicios de repetición coral e individual con la casete o con el profesor.

Asegúrese de que los traducen correctamente en su lengua.

Haga que practiquen la pregunta «¿Qué día es hoy?» y la respuesta correspondiente. Pregúnteles qué día(s) tienen clase de español.

39

a) Introduzca el término **horario** preguntando a los alumnos dónde pueden encontrar el cartel y de qué informa. Aproveche para repasar nombres de establecimientos públicos. Presente el vocabulario nuevo y preste especial atención al uso de las preposiciones **de** y **a** («Abre a las cinco de la tarde»; «De nueve a dos»).

Pídales que respondan a las preguntas individualmente y procédase a la comprobación de las respuestas en grupo-clase.

b) Pregunte a sus alumnos si existen semejanzas entre esos horarios y los de su país. En caso afirmativo, invíteles a detallarlas.

 a) Pida a los alumnos que citen nombres de lugares cercanos al centro de estudios conocidos por todos. Pídales que elijan uno y que piensen en las instrucciones necesarias para llegar a él desde el centro donde se imparte la clase de español.

b) Le dan esas instrucciones al compañero para que descubra de qué lugar se trata.

SUGERENCIA

Para las clases que tengan lugar en un país de habla hispana: dé a cada alumno la dirección de un lugar que no conozca y que no se encuentre muy lejos del centro de estudios. Pídales que pregunten a algún transeúnte cómo se va a esa calle y que vayan.

Para comprobar que han ido, pídales alguna información de manera que solo pueda ser obtenida yendo hasta el lugar mencionado: «¿Cuántos bares hay en la calle de X?», «De qué color es la puerta de la tienda X, que está en la calle de X?...».

DESCUBRE ESPAÑA Y AMÉRICA LATINA

 a) Asegúrese de que entienden **desde**, **hasta**, **todos**, **excepto**, **abierto** y **cerrado**. Introduzca **grandes almacenes** y **centros oficiales**, y pídales que hagan una lectura selectiva del texto para completar el cuadro. Es aconsejable que, una vez completado, lo contrasten con el de su compañero antes de pasar a la puesta en común.

b) Ejercicio de aplicación de la información obtenida en el apartado anterior.

El objetivo de esta actividad de práctica libre consiste en que los alumnos lleven a cabo, en parejas, un intercambio comunicativo sobre los horarios públicos de sus respectivos países.

Si los dos miembros de la pareja son de la misma nacionalidad, pida a uno de ellos que hable de los horarios de otro país que conozca.

SUGERENCIA

Actividad a realizar fuera del aula: pida a los alumnos que escriban frases sobre horarios de establecimientos públicos de su país.

LECCIÓN 10

Precalentamiento

Escriba en la pizarra una palabra ya estudiada («carta», por ejemplo) y explique la actividad: tienen que escribir otras palabras y cada una de ellas debe empezar por la última letra de la anterior («argentino», «oye», «estudiar», etcétera). Ponga usted varios ejemplos e indique a los alumnos que sirven todas las categorías gramaticales excepto los nombres propios. Adviértales que no se puede repetir ninguna palabra y que el ganador será el alumno que logre elaborar la lista más amplia.

 Estimule a sus alumnos a que soliciten el significado de las palabras que no conozcan. Procure que sean sus propios compañeros quienes den las explicaciones. Introduzca usted las restantes mediante mimo, fotos o dibujos. Realice los ejercicios de repetición coral e individual que juzgue necesarios.

 Una vez presentado el concepto de **sílaba** ayudándose de las palabras que los alumnos ya conozcan, es de gran utilidad marcar y contar las sílabas con los dedos (no olvide que usted está situado frente a los alumnos, razón por la cual deberá marcar y contar de derecha a izquierda).

🎧 a) Demostración de la tarea pedida con los ejemplos que aparecen en el libro.

Escuchan la grabación y escriben cada palabra en la columna correspondiente.

Salir - música - ordenadores - escuchar - televisión - teatro - jugar - tenis - discotecas - leer.

🎧 b) La corrección puede realizarse de cualquiera de estas dos formas:

— Escuchando la grabación en la que se dicen las palabras agrupadas por el número de sílabas.

— El profesor copia en la pizarra los tres modelos propuestos en el libro y pide a varios alumnos que completen las tres columnas para proceder finalmente a la corrección entre todos.

🎧 c) Ejercicios de repetición coral e individual.

Es conveniente hacer ver al alumno la importancia de la pronunciación, el acento y la entonación en el proceso comunicativo. Una pronunciación y una entonación adecuadas harán que sus interlocutores les entiendan fácilmente, a la vez que se verá favorecida su propia capacidad de comprensión.

❸ a) Compruebe si entienden las frases propuestas. En caso negativo, facilíteles la tarea; recuerde que sus gestos y la expresión de la cara al decir las frases pueden ser de gran utilidad.

b) Pida a los alumnos que trabajen en parejas para intentar deducir cuándo se dice **gusta** y cuándo **gusta**. Si ninguna pareja es capaz de hacerlo, diga usted otras frases de manera contrastiva, haciendo énfasis en la pronunciación de la **s** final de los sustantivos en plural. Llegados a este punto, es muy probable que algún alumno lo deduzca correctamente. Sistematice a continuación las formas del presente de indicativo del verbo **gustar** y explique el funcionamiento sintáctico de dicho verbo.

Realice unos ejercicios orales que permitan a los alumnos aplicar las reglas presentadas:

(Profesor): «El tenis».
(Alumno):   «Me gusta el tenis».

Estimule a sus alumnos a comentar las diferencias existentes con su lengua y resalte la peculiaridad de la estructura tratada.

❹ Copie el cuadro del libro en la pizarra y marque si le gustan o no los ordenadores.

Pida a los alumnos que expresen sus gustos por escrito. Haga usted lo mismo en el cuadro de la pizarra e interprételo a continuación, haciendo hincapié en el uso de **y**, **pero** y **ni**.

Pida a los alumnos que lean los suyos en grupo-clase.

FÍJATE EN LA GRAMÁTICA

Introduzca los exponentes propuestos haciendo preguntas a determinados alumnos y expresando sus propios gustos. Recuerde la importancia de los gestos en este tipo de intercambios.

Centre la atención de los alumnos en el cuadro y asegúrese de que lo entienden.

Práctica profesor-alumno, alumno-profesor y alumno-alumno.

5 Demuestre la actividad con algunos alumnos y pídales que, mientras realicen la interacción, vayan anotando en un papel las cosas y actividades en las que coincidan para comentárselo luego a la clase.

6 Introduzca el pronombre de objeto indirecto **le** comentando a la clase los gustos de algunos alumnos después de haberles formulado las correspondientes preguntas. Haga notar que usamos **le** tanto si hablamos de un hombre como de una mujer.

Cada alumno dice una frase refiriéndose a algo que le gusta o que no le gusta a su compañero.

Comente los gustos de algún conocido suyo haciendo hincapié en el uso de **y**, **pero** y **ni**. Escriba algunas frases en la pizarra para que sirvan de modelo a los alumnos («A Pierre le gustan el español y el cine, pero no le gustan las motos ni los ordenadores»).

Pídales que escriban sobre los gustos de su compañero y que a continuación lean en grupo-clase lo que hayan escrito.

7 Presente **nos** refiriéndose a los gustos de determinados alumnos y a los suyos.

Pídales que digan frases expresando gustos que tengan en común con el compañero.

Asegúrese de que entienden todas las palabras de la lista y pregúnteles si pueden añadir más cosas relacionadas con la clase de español.

Pídales que trabajen en grupos de tres para descubrir cuáles de esas cosas les gustan o no a los tres.

Finalmente se lo dicen al resto de la clase.

Nota.

Si lo cree oportuno, puede suprimir alguno de los aspectos incluidos en la lista.

Los comentarios de los alumnos pueden serle de gran utilidad para hacer más hincapié en aquellas actividades que más les gusten.

8 a) Los alumnos observan el dibujo y leen las frases. Ayúdeles a deducir el significado del vocabulario nuevo diciéndolas usted (deje bien claro que se refiere al cuadro abstracto del dibujo). Recuerde la gran importancia de los gestos.

Pídales que gradúen individualmente las expresiones de más a menos y que hagan la comprobación en grupo-clase.

b) Comente si le gusta o no le gusta el cuadro y estimule a los alumnos a hacer lo mismo. Procure que no se limiten a decir simplemente **me gusta** o **no me gusta**. Se puede hablar también de otras obras de arte que conozcan los estudiantes.

 9 Audición de la grabación preguntando a los alumnos si les gusta lo que oyen o no.

Nótese que la grabación recoge una amplia gama de sonidos y estilos musicales, ya que se pretende provocar diferentes reacciones en el alumno.

— *Sonidos del campo.*
— *Fragmento de rock español.*
— *Fragmento de pop español.*
— *Sonido de las olas en la playa.*
— *Fragmento de «Las cuatro estaciones», de Vivaldi.*
— *Sonido del mugido de una vaca.*
— *Fragmento de jazz.*
— *Fragmento de rap.*

FÍJATE EN LA GRAMÁTICA

Centre la atención de los alumnos en el esquema. A estas alturas de la lección resulta bastante improbable que no entiendan todo. Aclare, no obstante, las posibles dudas.

Práctica de la segunda y la tercera persona del plural preguntando y refiriéndose a los gustos de varios alumnos a la vez.

 10 a) Asegúrese de que comprenden todo el vocabulario y ponga algún ejemplo antes de pedirles que completen las frases de manera totalmente libre. Recuérdeles que pueden recurrir al esquema del apartado anterior si lo necesitan. Supervise lo que escriban.

b) Pídales que lean en voz alta lo que hayan escrito y que comprueben si algún compañero suyo ha escrito lo mismo. Preste atención a las frases que hayan elaborado y muy especialmente a las diferencias existentes entre las escritas por alumnos y las escritas por alumnas. Esta actividad es muy divertida y relajante.

 Procedimiento: seguir los pasos sugeridos para las **escuchas selectivas** (página 6).

María: Tú eres un buen deportista, ¿verdad?

Carlos: ¡Bah! No creas... pero sí que me gustan mucho algunos deportes...

María: ¿Por ejemplo?

Carlos: Pues, hombre, me gusta mucho el esquí, las motos... ¡ah!, y me encanta el fútbol.

María: ¿El fútbol? ¡Qué horror! A mí no me gusta nada.

Carlos: Bueno, también me gustan otras cosas, como leer..., escuchar música..., el cine...

María: ¡Y a mí el cine que no me gusta! Me aburro muchísimo... pero hay una cosa que me encanta: bailar.

Carlos: Mm... estoy pensando que tenemos gustos bien diferentes, ¿verdad?

María: Sí, sí. Desde luego.

 a) Explique la actividad y asegúrese de que comprenden todo el vocabulario.

Copie el cuadro en la pizarra y rellene alguno de los apartados con la ayuda de los alumnos. Pídales que continúen individualmente.

Comprobación en grupos de tres.

Puesta en común en grupo-clase.

Solución:

Nombre	Profesión	Ciudad	Le gusta
Luisa	enfermera	Barcelona	el fútbol
Javier	abogado	Valencia	el esquí
Manolo	periodista	Bilbao	el tenis

b) Explíquese la técnica para preparar otro problema de lógica: primero completan el cuadro y luego, a partir del mismo, escriben las frases.

Si lo desea, y a fin de evitar que se limiten a copiar el que aparece en el libro, puede modificar alguno de los encabezamientos y proponer NOMBRE, NACIONALIDAD, ESTADO CIVIL y LE GUSTA.

c) Cada alumno intenta resolver el problema de lógica elaborado por su compañero.

 La actividad consiste en averiguar el mayor número posible de gustos de su compañero.

a) Cada alumno señala los posibles gustos de su compañero en el cuestionario.

b) Preguntan el cuestionario del compañero. Es importante que señalen sus respuestas en otro color, para así poder diferenciarlas de las que ya han marcado ellos.

c) Contrastan las dos respuestas con que cuentan en cada caso.

DESCUBRE ESPAÑA Y AMÉRICA LATINA

El objetivo principal de esta actividad es presentar al alumno unas muestras de la rica y variada realidad musical del mundo hispano.

a) Pídales que observen las fotos y compruebe si conocen los tipos de música y bailes que aparecen en ellas. Proporcione usted las explicaciones necesarias.

Invíteles, a continuación, a escuchar los fragmentos musicales y a emparejarlos con las fotos.

Solución: 1. salsa. 2. tango. 3. música andina. 4. ranchera. 5. son cubano. 6. cumbia colombiana.

b) Ponga usted algunos ejemplos y, acto seguido, anímeles a expresar con qué país o países asocian cada uno de esos tipos de música. Explíqueles que si no recuerdan bien los nombres de los países a los que van a referirse, pueden apoyarse en un mapa en el que aparezcan.

 c) Mientras escuchan de nuevo la música, preparan las respuestas a las preguntas formuladas en el Libro del alumno.

d) Dirija el comentario propuesto y estimule la participación de los estudiantes para que expliquen a sus compañeros sus conocimientos y experiencias en relación con la música española y latinoamericana.

REPASO 2

Un juego

Dé una hoja de papel a cada alumno y pídales que copien en ella la siguiente lista previamente escrita por usted en la pizarra:

Nombre:

Profesión:

Edad:

Estado civil:

Le gusta:

No le gusta:

A continuación, los alumnos piensan en un famoso o en una persona de la clase y escriben la información relativa al primer encabezamiento («Fidel Castro», por ejemplo). Doblan el papel de manera que no se pueda leer lo que hayan escrito y se lo pasan al compañero para que complete la información del siguiente encabezamiento («Secretaria», por ejemplo). Siguen el mismo procedimiento hasta que escriban todos los datos pedidos, y finalmente cada alumno desdobla el papel que se halle en ese momento en sus manos y lee toda la información en primera persona. Por ejemplo: «Me llamo Fidel Castro y soy secretaria. Tengo veinte años y estoy soltera. Me gusta mucho el fútbol y bailar en las discotecas. No me gusta nada hacer los deberes de español».

 a) Los alumnos disponen de dos minutos para buscar los contrarios de las palabras y expresiones propuestas que necesiten; pueden consultar el diccionario. Recuérdeles que deben tener en cuenta el género y el número de los adjetivos.

b) Explique las instrucciones y haga alguna demostración del juego (ya lo conocen: se realizó en la actividad 4 del repaso 1). Supervise su trabajo.

 El objetivo de este juego es repasar vocabulario y construir frases.

Lleve a clase tantos juegos de fichas de diferentes colores y de dados como grupos de cuatro alumnos se puedan formar. Si no hubiera el número necesario de alumnos para distribuirlos en grupos exactos de cuatro, forme algunos de tres.

Lea en voz alta las palabras de cada casilla y pida a los alumnos que levanten la mano cada vez que surja alguna cuyo significado no recuerden; deje que sean los propios compañeros quienes la expliquen.

Explique las instrucciones y haga alguna demostración. Pida a determinados alumnos que realicen otras. Se les puede dar la opción de disponer de unos minutos para preparar las frases (grupos no muy buenos), o de tener que construir las frases según vayan avanzando por el tablero (grupos buenos). Hágales ver la necesidad de que le consulten en los casos en que los miembros del grupo estén en desacuerdo con relación a si una frase está bien o no. Supervise el lenguaje utilizado durante la realización del juego y preste especial atención a aquellos casos en los que los jugadores puedan estar erróneamente de acuerdo.

 Asegúrese de que recuerdan, entre otros, los nombres de los muebles que se mencionarán en la grabación (**cama**, **mesilla**, **armario**, **sillón**, **mesa**, **lámpara**, **silla**, **estantería**), así como el significado de **rincón**.

 a) Los alumnos escuchan y escriben los nombres de muebles que oigan.

Comprueban con el compañero antes de proceder a la puesta en común. Hágales escuchar de nuevo la grabación o algunas partes de ella si fuera necesario.

Dibuje los muebles en la pizarra para que sirvan de modelo a los alumnos en el siguiente apartado. Si hay alumnos que encuentran demasiado difícil la tarea de dibujarlos, sugiérales que se limiten a escribir sus nombres.

La habitación de Alfonso es bastante grande. La decoración es muy sencilla: hay varias fotos, tres cuadros y un póster. No tiene muchos muebles, solo los necesarios.

La cama está enfrente de la puerta, junto a la pared de la izquierda. Al lado de la cama, a la derecha, hay una mesilla muy moderna. El armario está en un rincón de la pared de la derecha, enfrente de la cama. Entre la mesilla y el armario hay un sillón antiguo. La mesa de trabajo está a la derecha de la puerta, en el rincón, debajo de la ventana. Encima de la mesa hay una lámpara negra muy bonita. Al lado de la mesa, enfrente de la ventana, hay una silla que también es negra. Y entre el armario y la mesa hay una estantería con muchos libros.

b) Llévense a cabo los pasos 2-7 propuestos en la página 6 (**escuchas selectivas**).

En el paso 2, los alumnos deberán dibujar o escribir los nombres de los muebles que están colocados en las partes de la habitación donde se dice en la grabación.

 a) Presente la situación y pida a los alumnos que lean el anuncio. Estimúleles a que le soliciten la ayuda léxica que necesiten.

Realizan el ejercicio de «Verdadero o falso» y a continuación se procede a la comprobación en grupo-clase.

b) Plantee una situación similar a la que aparece en el Libro del alumno y haga que practiquen el lenguaje que necesitarán para llevar a cabo la interacción propuesta.

Tras el intercambio comunicativo, en el que el alumno B debe inventarse la dirección del piso, comparan los dos planos para comprobar si A ha marcado el camino correctamente.

Divida la clase en dos grupos. Los miembros del grupo A están interesados en el piso y preparan las preguntas que harán sobre la gente que vive en él cuando vayan a verlo. Los del B prepararán las respuestas y el lenguaje necesario para enseñar la vivienda.

Forme parejas (A y B) y pídales que representen la situación en el piso: B se lo enseña a A y responde a sus preguntas.

Finalmente pregunte a los interesados, en grupo-clase, si les ha gustado o no el piso y sus inquilinos, y si lo van a alquilar o no. Deles la oportunidad de exponer sus razones.

 a) Los alumnos escuchan un pasaje de «El lago de los cisnes», de Tchaikovsky.

b) Deciden en parejas (A-B) las características y los datos pedidos de una persona a la que le pueda gustar esa música. A continuación lo anotan en un papel.

SUGERENCIAS

Pida a cada alumno que asuma la personalidad de uno de los dos personajes ficticios.

Explíqueles que están en una fiesta en la que no conocen a nadie e indíqueles que traten de presentarse a otros invitados.

UN FOLLETO TURÍSTICO

Actividad integradora que introduce un elemento de carácter cultural.

A. Compruebe si conocen Sevilla y qué saben de esa ciudad.

Antes de leer el texto, pídales que señalen en la columna de la izquierda lo que sepan o crean saber.

B. Realizan una lectura selectiva del texto para señalar en la columna de la derecha si esas informaciones son verdad o mentira.

Una vez hecha la corrección en grupo-clase, pida a sus alumnos que contrasten las respuestas dadas antes y después de leer. Por último, comente otros datos de interés cultural: características de Sevilla y de sus habitaciones, por qué es famosa, etc.

En marcha

 Distribuya folletos turísticos y planos de la población donde se encuentren, preferiblemente en español, entre las diferentes parejas de la clase. Pídales que busquen en ellos la información que les pueda resultar útil para escribir sobre dicha ciudad. Préstales la ayuda léxica que necesiten.

Deberán mencionar en un texto ciertos lugares de interés turístico o cultural y señalarlos en un plano.

 Intercambian el texto con otra pareja y corrigen el que han recibido: solo señalan los posibles errores, pero no escriben nada. Es importante que el profesor dé el visto bueno.

Comentan los errores con los autores del texto. El profesor supervisa este trabajo y aclara las posibles dudas y desacuerdos que puedan surgir.

Las parejas que hayan cometido errores escriben de nuevo el texto incorporando las correcciones.

 Distribuya cartulinas grandes entre las diferentes parejas para que peguen en ellas el texto, el plano y algunas fotos de esa población, y las coloquen en las paredes del aula.

LECCIÓN 11

Precalentamiento

Pida a sus alumnos que se coloquen de pie y en círculo. Dígale al primero de la izquierda una frase al oído («A mi hermano le gusta mucho el cine», por ejemplo), quien, a su vez, tiene que decírsela al oído al compañero de la izquierda. Se continúa hasta que la frase le sea transmitida al último estudiante, que la dice en voz alta y la escribe en la pizarra. Pídale al alumno al que le ha dicho usted la frase, que la escriba también en la pizarra. Haga que comparen las dos: es muy probable que sean diferentes.

Es aconsejable seguir el juego con frases que entrañen mayor dificultad.

 a) Escriba la siguiente lista en la pizarra:

me levanto

desayuno

salgo de casa

voy a trabajar

empiezo a trabajar

como

termino de trabajar

vuelvo a casa

ceno

me acuesto

Explíquela haciendo mimo, o con fotos o dibujos, y añadiendo las horas a las que usted realiza normalmente esas acciones. Asegúrese de que los alumnos comprenden sus explicaciones preguntándoles a qué hora lo hacen ellos.

Ejercicios de repetición coral e individual.

Comente con los alumnos la ilustración que aparece en el libro (hora, número de personas, características de estas, etcétera) y pídales que lean el texto y que subrayen las palabras que no entiendan. Explíqueselas.

b) Los alumnos deciden a qué personaje corresponde el texto (al señor que vive en el último piso de la derecha). También averiguarán su profesión –puede ser detective– y la(s) causa(s) de sus horarios tan especiales.

 Los estudiantes escriben individualmente frases indicando a qué hora realizan cada una de esas acciones habitualmente.

Una vez escritas, pida a un alumno que diga una de las frases; por ejemplo, la relativa a **me levanto**; aquellos estudiantes cuya información sea la misma deben levantar la mano. Repita el procedimiento con al menos otro alumno que no haya levantado la mano.

 Explique detalladamente la mecánica de esta actividad: van a escuchar frases y tienen que pensar si la información que oigan en cada una de ellas corresponde a su realidad. En caso afirmativo, la repiten; no así en caso negativo. Haga una demostración con dos o tres frases.

Hágales escuchar cada frase dos veces y detenga la casete a fin de que dispongan del tiempo suficiente para pensar y repetirla. Conviene que usted indique con un gesto el momento a partir del cual pueden decir la frase.

Una vez acabada la audición, es aconsejable seguir los mismos pasos con otras frases que puedan ajustarse más a la realidad de sus alumnos que las incluidas en la grabación.

— *Me levanto a las ocho de la mañana.*

— *Como a las dos de la tarde.*

— *Ceno a las nueve de la noche.*

— *Las clases empiezan a las nueve de la mañana.*

— *Termino de trabajar a las seis.*

— *Vuelvo a casa a las siete de la tarde.*

— *Empiezo a trabajar a las diez.*

— *Trabajo hasta las cinco de la tarde.*

— *Desayuno a las ocho y media.*

— *Salgo de casa a las siete y media.*

— *Me acuesto a las once de la noche.*

FÍJATE EN LA GRAMÁTICA

Asegúrese de que recuerdan las formas verbales del presente de indicativo singular de los verbos **trabajar**, **llamarse**, **tener** y **vivir**. Escríbalas en la pizarra debajo de los encabezamientos de cada conjugación con un color diferente y haga que los alumnos recuerden el presente singular de otros verbos que ya conocen (**hablar**, **estudiar**, etcétera). Hágales tomar conciencia de las irregularidades que presentan algunos verbos en el radical.

Pídales que se fijen en los modelos y que traten de deducir y escribir en el cuadro las formas que faltan. Supervise su trabajo y ayúdeles si lo necesitan.

 4 a) Escuchan las formas y subrayan la sílaba fuerte de cada una de ellas.

> *Terminas, ceno, trabaja, tengo, desayuna, vives, salgo, empiezo, trabajas, cena, sales, come, termina, vive.*

b) Una vez realizados unos ejercicios de repetición coral e individual, se puede hacer uno del tipo:

(Profesor): «Terminar, tú».
(Alumno): «Terminas».

5 a) Los alumnos completan la columna correspondiente con las horas a las que realizan las acciones indicadas. Introduzca las preguntas y haga que las practiquen. A continuación, pídales que lleven a cabo el intercambio comunicativo en grupos de cuatro y que anoten la información relativa a cada uno de sus compañeros.

b) Miran el cuadro y deciden individualmente quién:
— se levanta antes.
— se acuesta más tarde.
— come antes.
— cena más tarde.
— vuelve a casa más tarde.

 6 Centre la atención de los alumnos en la ilustración y pídales que describan entre todos a la tía de Eduardo.

a) Escuchan y anotan en una lista las horas que oigan. La contrastan con la de su compañero antes de proceder a la puesta en común en grupo-clase.

b) Procedimiento: véanse pasos 2-7 de **escuchas selectivas** (página 6).

— *¿Y no te cansas de vivir con tu tía?*
• *¡Qué va! Si mi tía es encantadora y muy activa. Mira, se levanta todos los días a las seis y media...*
— *Se acostará pronto...*
• *No. Se acuesta sobre las doce. Bueno, pues se levanta y se va al parque a correr con el perro. Vuelve sobre las siete y media...*

— *Y tú estarás en la cama todavía...*
• *Claro, y cuando llega, me despierta con música de ópera. La pone altísima.*
— *¡Vaya!*
• *Y después el desayuno: fruta, churros, magdalenas... tostadas y café.*
— *¿Todo eso?*
• *Sí, sí. Además es muy rígida con los horarios de las comidas: desayuna a las ocho, come a las dos y media y cena a las diez.*
— *Sigue trabajando, ¿verdad?*
• *Sí, pero solo por las mañanas. Por las tardes sale con sus amigos.*

7 Decidir en grupo-clase los nombres de los vecinos de Rosaleda, 6. Escríbalos en la pizarra.

a) Introduzca **Yo creo que...**
Pídales que elijan a dos de ellos y que decidan qué hace habitualmente cada uno.

b) Lo comentan con el resto de sus compañeros.

8 Una vez que los alumnos hayan observado el dibujo y leído el texto incompleto, le hacen al profesor las preguntas necesarias para completarlo con la información de sus respuestas.

Texto completo:

«Se llama Enrique y vive en Málaga con una amiga. Todos los días se levanta a las siete y media y desayuna en casa. Luego va a trabajar. Es profesor de español y bombero voluntario. Por las mañanas trabaja en la universidad. Por las tardes trabaja de bombero. Vuelve a casa a las nueve o a las diez, cena con su amiga y se acuesta a las doce o a la una».

9 a) Pida a sus alumnos que creen un personaje divertido y que escriban sobre él. Indíqueles que, si lo necesitan, pueden fijarse en el esquema del texto anterior. Insista en que no copien sus datos y en que añadan todo lo que deseen.

b) Intercambian información sobre sus respectivos personajes y los comparan. Se trata de ver cuál de los dos es más extraño y original.

Forme grupos de seis y pídales que elijan individualmente a una de las personas que aparecen en las fotos y que piensen en lo que hace habitualmente. A continuación se lo dicen a sus compañeros para que adivinen de quién se trata.

DESCUBRE ESPAÑA Y AMÉRICA LATINA

a) Ofrézcales la posibilidad de elegir la forma de averiguar el significado de la palabra «chiste». Compruebe que lo han captado acertadamente.

b) Sonsaque y explique, si fuera preciso, el significado de las palabras que aparecen en los dos chistes. Asegúrese de que los entienden y averigüe cuál les gusta más.

c) Explíqueles que pueden consultar el diccionario al leer el texto sobre Forges.

Pregúnteles si habían leído anteriormente algún chiste suyo, y en caso afirmativo, si les había gustado. Puede darles nombres de publicaciones con las que colabora habitualmente este dibujante: *El País*, *Interviú*...

a) Lectura individual del chiste de Forges. Asegúrese de que lo entienden.

b) En parejas, pídales que respondan a las preguntas.

c) Puesta en común en grupo-clase.

Introduzca el término **funcionario**, si no lo han mencionado los alumnos, y dirija un comentario de carácter cultural.

LECCIÓN 12

Precalentamiento

Los alumnos escriben algunas preguntas de carácter personal sobre aspectos que desconozcan de sus compañeros. A continuación se colocan de pie en dos círculos enfrentados (veinte alumnos por círculo como máximo).

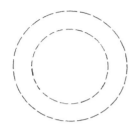

El profesor pone música. Al oírla, los miembros de cada círculo caminan en sentido contrario.

El profesor va parando la música. Cada vez que lo hace, los alumnos se detienen y formulan una pregunta al compañero que tienen enfrente en ese momento.

 a) Dé a los alumnos la posibilidad de elegir la forma de averiguar el significado del léxico nuevo: buscando algunas palabras en el diccionario y explicándoselas posteriormente a sus compañeros (véase actividad 1 de la lección 6) o preguntándole al profesor.

b) Los alumnos escriben la palabra o expresión correspondiente debajo de cada uno de los dibujos.

 Actividad con un doble objetivo:

— Repasar el lenguaje necesario para hablar de gustos.

— Practicar el vocabulario introducido en la actividad anterior.

Presente las estructuras propuestas hablando con los alumnos.

 Informe de que a continuación van a trabajar con un texto.

Los alumnos leen las respuestas de los entrevistados y subrayan las actividades estudiadas en el recuadro 1a). Adviértales que no aparecen en infinitivo.

Por último, pregunte a sus alumnos cuál de los dos fines de semana descritos les parece más interesante y cuál se asemeja más al suyo.

FÍJATE EN LA GRAMÁTICA

Los alumnos completan individualmente el cuadro gramatical propuesto. Si lo precisan, pueden consultar el texto de la actividad 3, fijándose en las formas verbales.

Corrección: una vez comprobado en parejas, el profesor rellena con la ayuda de los alumnos un cuadro idéntico copiado por él en la pizarra.

Sígase el mismo procedimiento con la sílaba fuerte de cada una de las formas verbales tratadas y realícense los ejercicios de repetición necesarios.

 En esta actividad se trabaja con los diptongos **ai** y **ei**, cuya correcta pronunciación será necesaria en una fase posterior de la lección (segunda persona del plural del presente de indicativo de los verbos de la primera y segunda conjugación).

 a) Escriba **bailar** y **veinte** en la pizarra y pida a ciertos alumnos que pronuncien esas palabras. Pregunte cuántas sílabas tiene cada una de ellas y siga el mismo procedimiento con otros términos en los que aparezcan los diptongos mencionados; asegúrese de que los pronuncian correctamente.

Pídales que escuchen la grabación y que escriban cada una de las palabras que oigan en la columna correspondiente.

Bailar, veinte, aire, peine, seis, vais, afeitar, paisaje, estáis, veis, treinta, traigo, reina, aceite, caigo, tenéis, termináis, trabajáis, coméis.

 b) La corrección se puede realizar escuchando la siguiente grabación o corrigiendo entre todos lo escrito previamente en la pizarra por algunos estudiantes.

ai:

Bailar, aire, vais, paisaje, estáis, traigo, caigo, termináis, trabajáis.

ei:

Veinte, peine, seis, afeitar, veis, treinta, reina, aceite, tenéis, coméis.

🎧 c) Los alumnos escuchan la casete (o al profesor) y repiten coral e individualmente.

5 a) Presente el significado de **jardín** y **dar paseos**. Comente a sus alumnos que oirán algunos de los verbos propuestos en infinitivo y otros en presente.

Para facilitar la audición, pida a los estudiantes que recuerden las formas de la primera persona del singular y del plural de los verbos que aparecen en el cuadro.

(Profesor): «Ir».
(Alumno): «Voy, vamos».

🎧 Escuchan y enumeran las actividades en la columna de la izquierda.

Puesta en común y nueva escucha si fuera preciso.

Alfonso: **A tu marido y a ti os gusta mucho ir al campo, ¿verdad?**

Sara: **Nos encanta. Tenemos una casa en un sitio muy bonito y vamos todos los fines de semana.**

Alfonso: **¿Y no os aburrís?**

Sara: **¡Qué va! Estamos todo el tiempo haciendo cosas. Tenemos un jardín y trabajamos mucho en él... También damos muchos paseos... montamos en bici...**

Alfonso: **Y respiráis aire puro.**

Sara: **¡Ah, por supuesto! Más puro que el de aquí. Oye, ¿y tu mujer y tú no vais nunca fuera los fines de semana?**

Alfonso: **Casi nunca; la verdad es que somos muy «urbanos».**

Sara: **¿Y qué hacéis? ¿Salís mucho?**

Alfonso: **Pues prácticamente todos los viernes y los sábados por la noche. Vamos a muchos conciertos..., al cine, al teatro... y, claro, muchas veces de copas.**

Sara: **Es que sois muy marchosos.**

Alfonso: **¡Bah! No creas. También vamos a ver a nuestros padres... hacemos la limpieza... preparamos las clases de la semana siguiente...**

b) Señalan individualmente las cosas que creen que hace cada pareja.

🎧 c) Escuchan y marcan con un color diferente lo que hace realmente cada pareja.

Puesta en común y escucha de los puntos en los que discrepen.

Escucha de comprobación.

Una vez constatado lo acertado de sus respuestas, los alumnos pueden ir diciendo qué hace cada pareja los fines de semana.

6 Antes de que los alumnos escriban en parejas (A-B) lo que supuestamente hacen los fines de semana, es conveniente que el profesor diga algunas frases divertidas o raras a modo de ejemplo, lo que relajará a los estudiantes, a la vez que les hará sentirse más estimulados.

7 Forme parejas nuevas (A-A y B-B) para que comenten qué hacen los fines de semana.

8 Hablan en parejas (A-B de nuevo) sobre lo que hacen sus anteriores compañeros, prestando especial atención a las posibles cosas raras o divertidas que detecten.

SUGERENCIA

Cada pareja informa a la clase de todo aquello raro o divertido que haya detectado y luego deciden entre todos cuál es la pareja más rara o divertida.

9 a) Presente el vocabulario que no conozcan y asegúrese de que lo han entendido.

b) Los alumnos buscan las expresiones de frecuencia en el texto de la actividad 3. Hágales observar su lugar dentro de la frase (comente las otras alternativas existentes y los matices que introducen). Insista en el contraste entre **nunca** y **no... nunca**.

c) Escriba algunos ejemplos en la pizarra y, a continuación, pídales que escriban frases indicando con qué frecuencia hacen ciertas cosas los sábados.

10 Antes de que realicen la actividad caminando por la clase para hablar con todos sus compañeros, intente que los alumnos digan las preguntas que deberán formular. En clases numerosas es aconsejable formar grupos de unos ocho alumnos.

Puede hacer la comprobación en grupo-clase mediante preguntas («¿Quién...?»). Introduzca **nadie**, ya que podrían necesitarlo para responder en algunos casos.

Aproveche el comentario de la actividad para llevar a cabo una conversación «espontánea» con los alumnos. Por ejemplo:

(Alumno): «Tom se acuesta siempre tarde».
(Profesor): «¿A qué hora te acuestas, Tom?».
(Tom):   «A la(s)...».
(Profesor): «¿Por qué? / ¿Qué haces hasta esa hora?»

 a) Los alumnos piensan individualmente en lo que hacen los fines de semana. Sugiérales que le soliciten la ayuda léxica que puedan necesitar.

b) Lo comentan con su compañero, el cual toma nota.

 a) Actividad apropiada para realizar fuera del aula.

Escriben un párrafo sobre los fines de semana del citado compañero en un papel previamente entregado por el profesor (es importante que todos los papeles sean idénticos).

b) Se lo entregan doblado al profesor para que los redistribuya entre los estudiantes asegurándose de que ningún alumno recibe el que ha escrito antes o el que contiene información sobre él.

c) Cada uno lee en voz alta y por turnos el papel que le ha dado el profesor hasta que otro alumno se dé por aludido y diga «¡Soy yo!».

DESCUBRE ESPAÑA Y AMÉRICA LATINA

 a) Pídales que lean el artículo y que le pregunten lo que significan las palabras que no entiendan. Haga énfasis en la explicación de las palabras clave.

b) Una vez comprendidas las preguntas, los alumnos escriben las respuestas.

Proceda a la comprobación en grupo-clase.

2 Explique las preguntas y pídales que piensen en las respuestas. Indíqueles que pueden usar el diccionario.

Dirija el comentario en grupo-clase.

3 Cada pareja comunica al resto de sus compañeros las frases que ha escrito. Averígüese cuál es el aspecto considerado por la clase como más positivo y cuál como más negativo.

 a) Pida a los estudiantes que observen el chiste y que digan si les gusta o no.

b) Para realizar esta actividad de claro carácter participativo, trate de formar parejas en las que al menos uno de los miembros tenga cierta facilidad para dibujar. Indíqueles que pueden incluir el texto que deseen y pídales que la realicen fuera del aula.

Una vez dibujados los chistes, colóquelos en las paredes del aula y anime a los alumnos a que soliciten a sus autores las aclaraciones que pudieran necesitar.

LECCIÓN 13

Precalentamiento

Pida a sus alumnos que escriban un párrafo sobre un compañero, pero sin mencionar datos exclusivos del mismo (el nombre y tal vez la nacionalidad y la profesión). Pueden hacer alusión al sexo, edad, aspecto físico, carácter, cosas que (no) le gustan, hábitos, etcétera.

Recoja todos los textos y colóquelos en la pared para que los lean los alumnos e intenten adivinar de quién se trata en cada caso.

En clases numerosas, esta actividad puede realizarse en grupos de seis u ocho alumnos.

❶ Pida a los estudiantes que busquen en un diccionario bilingüe el vocabulario que no conozcan.

A continuación completan las frases con las palabras adecuadas y comprueban su trabajo en parejas, antes de proceder a la corrección en grupo-clase.

🎧❷ Cada alumno anota las palabras que oiga en la columna correspondiente (ESTAR O TENER). Realícese alguna demostración antes de proceder a la audición.

Enfermo, hambre, cansada, nervioso, calor, triste, frío, preocupado, miedo, contento, sueño, sed.

SUGERENCIA

El **juego de la pelota**, en grupos de seis u ocho. El alumno que pasa la pelota dice una de las palabras presentadas en la actividad anterior («Hambre»), y el que la recibe, una frase («Tengo hambre»).

❸ Cada miembro de la pareja elige uno de los estados físicos o anímicos introducidos y hace mimo. Su compañero tiene que decir qué le pasa; él sólo puede asentir o negar mediante gestos.

❹ a) Asegúrese de que entienden el significado de las frases que aparecen en las ilustraciones.

b) Haga observar a los alumnos la presencia de los signos de exclamación y pídales que digan las frases en voz alta.

🎧 c) Escuchan y comprueban lo acertado de su pronunciación y entonación. Resalte

la importancia de una entonación adecuada.

Ejercicios de repetición coral e individual.

FÍJATE EN LA GRAMÁTICA

Centre la atención de los alumnos en los exponentes para expresar las sensaciones presentadas y en las diferentes formas de reaccionar.

El profesor puede indicar, valiéndose de gestos, cómo se siente, y pedir a los alumnos que digan si comparten o no esas sensaciones.

(Profesor): «¡Qué hambre tengo!».
(Alumno): «Yo también».

A continuación pueden realizarse unos intercambios alumno-alumno dirigidos por el profesor: este muestra un estado de ánimo con gestos, un alumno lo expresa con palabras y el profesor indica a otro que diga si él también se siente así o no.

🎧❺ Los alumnos escuchan los diálogos y señalan si las informaciones son verdaderas o falsas.

Comprobación en parejas y puesta en común en grupo-clase.

Escucha de los puntos en los que discrepen. Nueva puesta en común.

Escucha final de comprobación.

1. *¡Uf...! ¡Qué nervioso estoy!*
• *¿Sí? Pues yo no.*
2. *¡Qué hambre tengo!*
• *Yo también.*
3. *¡Qué sed tengo!*
• *Y yo también.*
4. *¡Qué preocupado estoy!*
• *¡Ah! Pues yo no.*

❻ Una vez observado el dibujo, pida a los estudiantes que comenten sus propias sensaciones con su compañero.

❼ Introduzca las partes del cuerpo propuestas diciendo sus nombres a la vez que las señala en su propio cuerpo. Haga que los alumnos los repitan coral e individualmente.

Pídales que escriban los nombres que faltan en la ilustración.

Corrección: algunos alumnos hacen lo mismo en un dibujo copiado por usted en la pizarra.

Explique que solo deben tocarse la parte del cuerpo mencionada cuando la instrucción vaya precedida de la frase «Simón dice...». Realice varias demostraciones y, antes de empezar a jugar, indíqueles que el alumno que se equivoque tendrá que seguir dando las instrucciones.

En clases numerosas es aconsejable realizar esta actividad en grupos de seis u ocho estudiantes.

 Presente el lenguaje necesario para hablar de los dolores y las enfermedades propuestas haciendo mimo. Preste especial atención a la morfología y al funcionamiento sintáctico del verbo **doler**.

Realice un ejercicio oral del tipo:

(Profesor): «La cabeza».
(Alumno): «Me duele la cabeza».

Pídales que finjan que les duele alguna parte del cuerpo para que sus compañeros adivinen de cuál se trata.

Los alumnos escriben qué le pasa a cada uno de los personajes numerados en el dibujo.

FÍJATE EN LA GRAMÁTICA

Presente el vocabulario nuevo y pida a los alumnos que observen el cuadro.

Para incidir en el contraste **doler - tener - estar**, puede realizarse un ejercicio oral idéntico al que ha sido propuesto en la actividad anterior:

(Profesor): «Fiebre».
(Alumno): «Tengo fiebre».

SUGERENCIA

Divida la pizarra en tres partes y escriba en cada una de ellas uno de los tres verbos mencionados. Un alumno lanza una pelota de papel contra la misma y dice el nombre de un compañero. Este tiene que decir una frase hablando de dolor o de enfermedad que incluya el verbo escrito en la parte en la que ha dado la pelota.

 a) Los alumnos escuchan el diálogo y lo siguen en el libro.

Comente el vocabulario nuevo. Resalte las diferencias existentes en el funcionamiento sintáctico de los verbos **pasar** y **encontrarse**.

 b) Ejercicios de repetición coral e individual.

Puede pedirles que practiquen en parejas utilizando la técnica de leer, alzar la vista y hablar si lo precisan.

 Presente el concepto de **remedio** y pida a sus alumnos que averigüen, en parejas y de la forma que deseen (consultando un diccionario bilingüe, preguntando al profesor o a sus compañeros, etcétera), el significado del léxico propuesto.

Los alumnos asocian los remedios con enfermedades.

Présteles la ayuda léxica que necesiten.

Éste puede ser un buen momento para introducir los nombres de ciertas enfermedades que puedan padecer los estudiantes.

FÍJATE EN LA GRAMÁTICA

Explique las formas de hacer ofrecimientos y sugerencias y las de aceptar o rechazar presentadas en el cuadro. Preste especial atención a los gestos y a la entonación de las frases.

 Asegúrese de que entienden **siéntate** y **descansa**.

Indique cómo se ha de completar el cuadro.

Los alumnos escuchan cada diálogo y escriben lo que hayan entendido.

Comprobación con el compañero y puesta en común en grupo-clase.

 Escucha de los puntos en los que discrepen.

Nueva puesta en común y escucha final de comprobación.

1. *¿Te encuentras muy mal?*
 • *Sí, me duelen las piernas.*
 — *Pues siéntate y descansa un poco.*
 • *Vale.*

2. *¿Te pasa algo?*
 • *No, no. No me pasa nada.*
 — *¡Ah! Bueno...*

3. *Oye, ¿estás enfermo?*
 • *Sí, tengo la gripe.*
 — *¿Y por qué no te vas a la cama?*
 • *Sí, si sigo así...*

4. *¿Qué tal?*
 • *Fatal.*
 — *¿Pues qué te pasa?*
 • *Tengo una tos tremenda.*

— *Es que fumas demasiado.*
● *Ya...*
5. *Oye, ¿no te encuentras bien?*
● *Me duele muchísimo la cabeza.*
— *¿Quieres una aspirina?*
● *Sí, gracias.*

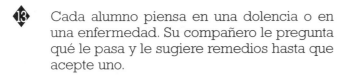 Cada alumno piensa en una dolencia o en una enfermedad. Su compañero le pregunta qué le pasa y le sugiere remedios hasta que acepte uno.

DESCUBRE ESPAÑA Y AMÉRICA LATINA

◆ Recuerde que el vocabulario que aparece en esta actividad se tratará únicamente de manera receptiva y que no se pedirá a los alumnos que lo produzcan.

Estimúleles a que soliciten a sus compañeros o al profesor la ayuda léxica que precisen.

◆ Los alumnos señalan sus respuestas individualmente.

Explique el sistema de puntuación y la forma de interpretar los resultados.

◆ Dirija el comentario propuesto y centre la conversación en lo que pueden hacer para mejorar algunos aspectos de su vida.

Por último, pregúnteles si les gustan este tipo de cuestionarios, si los hacen a menudo, si creen en ellos, etcétera.

SUGERENCIA

El profesor puede proponer un ejercicio de relajación. Introducir el vocabulario necesario antes de proceder a su realización. Se pueden repetir las palabras y las frases, según se considere necesario. A continuación se presenta un posible texto para realizar un ejercicio de relajación:

Siéntate cómodamente... relájate... pon los brazos sobre las piernas... cierra los ojos... y respira profundamente una vez... otra... y otra... Ahora imagina que estás en el campo... hay muchos árboles... todo es verde, verde... y el cielo está azul... muy azul... Estás paseando por el campo... hay flores de muchos colores... azules, blancas, rojas, amarillas... ¡son muy bonitas! ¡Escucha!... ahora oyes un sonido a lo lejos... ¡escucha!... es el agua de un río... sigues caminando en dirección al lugar de donde viene el sonido... andas y andas... y ¡por fin ves el río!... El agua es muy clara y transparente... y te metes en el río... ahora estás en el agua... ¡qué buena está el agua! ¡qué fresca!... ¡Escucha!... ¡oyes otro sonido!... ¡escucha!... ¡escucha con atención!... es el sonido de tu respiración lenta... muy lenta... ahora respira profundamente una vez... ¡ya!... otra... y otra... y ahora ¡abre los ojos!

Nota.

Aprovechamos para recomendar la realización de este tipo de ejercicios cuando el profesor lo crea conveniente. Su elaboración no es difícil y sus efectos son claramente positivos.

LECCIÓN 14

Precalentamiento

Divida la clase en dos equipos: A y B. Los miembros del equipo A llevan el reloj adelantado diez minutos, y los del B lo llevan atrasado otros diez minutos. El profesor le dice una hora a un alumno («Las nueve y veinticinco»). Este deberá añadir o restar diez minutos según pertenezca a un equipo o a otro, y decir la hora resultante («Las diez menos veinticinco» o «Las nueve y cuarto»). Si lo hace correctamente, obtiene un punto para su equipo. Gana el equipo que consigue más puntos.

 a) Represente otros diálogos telefónicos necesarios para facilitar la comprensión de las palabras o frases que no conozcan los alumnos. Recuerde que tendrá que asumir los papeles de los dos hablantes.

b) Los alumnos escuchan los diálogos que aparecen de manera incompleta en el apartado anterior y comprueban su trabajo.

1. *¿Diga?*
- *¿Está Luis?*
— *Sí, soy yo.*
- *¡Hola!, soy Inés. ¿Qué tal?*

2. *¿Dígame?*
- *Buenos días. ¿Está Rosa?*
— *¿De parte de quién?*
- *De Ángel.*
   ...

3. *¿Diga?*
- *¿Está Victoria, por favor?*
— *En este momento no puede ponerse. Está en la ducha.*

4. *¿Sí?*
- *¿Está Manolo?*
— *No, no está. Volverá después de comer.*

5. *¿Sí?*
- *¡Hola! ¿Está Marina?*
— *Un momento, ahora se pone.*

3. *¿Dígame?*
- *¿Está Alberto?*
— *¿Quién?*
- *Alberto, Alberto López...*
— *No, no es aquí. Se ha equivocado.*
- *¡Ah! Perdone.*

 Ejercicios de repetición coral e individual.

 Asegúrese de que entienden mediante las pautas las situaciones planteadas.

Haga observar el ejemplo dado y añada usted algún otro.

Antes de proceder a la puesta en común en grupo-clase, pida a sus alumnos que comparen en parejas lo que han escrito.

 Explique **comunica** y no **contesta**.

Los alumnos escuchan los diálogos y señalan la columna correspondiente en cada caso.

Comprobación en parejas.

Puesta en común en grupo-clase.

Escucha de los diálogos en los que discrepen y nueva puesta en común.

Escucha final de comprobación.

1. *¿Dígame?*
- *¿Está Pepe, por favor?*
— *Mira, es que ahora no puede ponerse. Está bañando al niño.*
- *Vale, gracias. Ya llamaré después.*

2. *(Está comunicando.)*

3. *¿Dígame?*
- *¿Está Charo, por favor?*
— *¿Charo...? No, no es aquí; se ha equivocado.*
- *Perdone.*
— *Nada, nada. Adiós.*
- *Adiós.*

4. *(No contestan.)*

5. *¿Dígame?*
- *Buenos días. ¿Está la señora Torres, por favor?*
— *Sí, soy yo.*
- *Mire, le llamo de Viajes Lejarreta...*

6. *Erre Eme, buenos días.*
- *¿El señor González, por favor?*
— *Ahora no puede ponerse. Está en una reunión.*
- *¿Puede decirle, por favor, que ha llamado Luis Sierra y que...?*

7. *¿Sí? ¡Hola!, soy Mari Carmen. ¿Está Jesús?*
— *¡Hola, Mari Carmen! Jesús no está. Se ha ido a clase.*
- *Bueno, pues ya llamaré más tarde.*
— *Ya le diré que has llamado.*
- *Gracias.*
— *Adiós.*

5 Para hacer más realistas las situaciones planteadas, es aconsejable que cada miembro de la pareja se coloque de espaldas a su compañero.

Pasos: véase página 7, **simulaciones**.

 6 Esta actividad puede realizarse de dos maneras:

1. Los alumnos buscan en un diccionario las palabras que no entiendan y señalan si las informaciones son verdaderas o falsas.

2. Introduzca el vocabulario nuevo sirviéndose de la sección de espectáculos de un periódico y, a continuación, pida a los alumnos que señalen si las informaciones son verdaderas o falsas.

 7 Asegúrese de que los estudiantes entienden todas las preguntas y pídales que busquen las respuestas en los anuncios y entradas de la actividad anterior.

Intente que surjan más formas de preguntar por el lugar y la hora en que puede tener lugar un espectáculo («¿Dónde...?», «¿En qué cine...?», «¿Cuándo...?», etcétera). Puede pedirles que las practiquen utilizando los textos anteriores.

 8 a) Los alumnos escriben, en parejas, preguntas similares a las de la actividad 7 sobre espectáculos que hay en el pueblo o la ciudad donde se encuentran ahora. Si lo cree necesario, puede entregarles fotocopias de las secciones de espectáculos de algunos periódicos.

b) Se las formulan a otra pareja para ver si conocen las respuestas. En caso negativo, pueden repetir el procedimiento con otras parejas hasta encontrar a una que dé las informaciones requeridas.

 9 a) Pida a los estudiantes que cierren los libros y hágales escuchar una o dos veces cada diálogo.

Pregúnteles qué han entendido.

Pídales que le ayuden a reconstruir en la pizarra.

Escuchan y siguen los diálogos en el libro.

Explique las palabras y expresiones nuevas.

Ejercicios de repetición coral e individual.

Resalte el uso de **es que** en el segundo diálogo: sirve para introducir una explicación, una justificación, una excusa, etc.

b) Los alumnos practican los diálogos en parejas. Pueden utilizar la técnica de leer, alzar la vista y hablar.

 10 a) Lea la lista en voz alta; pídales que levanten la mano cuando oigan alguna palabra o expresión que no conozcan. A continuación realizan la tarea pedida.

b) Haga mucho énfasis en la necesidad de poner una excusa o dar una explicación cuando rechacen una invitación.

 11 a) Estimule a los estudiantes para que le soliciten la ayuda léxica que precisen. Puede suministrársela, presentando y escribiendo en la pizarra un diálogo similar.

Preste especial atención al significado y al uso del verbo **quedar**, así como al funcionamiento sintáctico del verbo **parecer** y al que presenta en este caso el verbo **ir**.

Pídales que enumeren las frases del diálogo que aparece en el libro. Indíqueles que pueden recurrir al diálogo de la pizarra si lo necesitan.

 b) Pídales que escuchen la grabación y que comprueben su trabajo.

— *Oye, ¿nos vemos mañana por la tarde?*
• *Vale. De acuerdo. ¿Y qué podemos hacer? ¿Hay algo interesante?*
— *Pues mira, hay una exposición de Miró en el Reina Sofía.*
• *¡Ah! Muy Bien. Me encanta Miró. ¿Cómo quedamos?*
— *No sé... Podemos quedar a las cinco en la puerta.*
• *Es que no me va bien tan pronto. ¿Qué te parece a las seis?*
— *Vale. Entonces quedamos a las seis.*

 12 Los alumnos escuchan y repiten cada frase coral e individualmente.

Puede pedirles que practiquen en parejas el diálogo de la actividad anterior utilizando la técnica de leer, alzar la vista y hablar.

Demuestre cómo deben completar el cuadro dibujando uno similar en la pizarra y rellenándolo con la información del diálogo de la actividad 11.

Pídales que escuchen cada diálogo y que completen solo el apartado **¿Quedan?**

Puesta en común en grupo-clase.

Nueva escucha para completar el resto de los apartados.

Comprobación en parejas y posterior puesta en común en grupo-clase.

Escucha de los puntos en los que discrepen y puesta en común.

Escucha final de comprobación.

Respuestas:

	¿Quedan?	¿Qué día?	¿A qué hora?	¿Dónde?	¿Para qué?
1	sí	el jueves	sobre las seis	no se sabe	no se sabe
2	sí	el miércoles	sobre las ocho	en la puerta del cine	para ir al cine
3	no	....	....	....	....
4	no	....	....	....	....
5	sí	el viernes	a las diez menos cuarto	en el bar de enfrente	para ir a un concierto

1. Bueno, entonces, ¿quedamos mañana por la tarde?
● *Es que mañana no puedo. Tengo hora en el dentista.*
— *¿Y el jueves?*
● *El jueves, el jueves... sí. ¿A qué hora?*
— *Sobre las seis. ¿Te parece bien?*
● *Sí, muy bien.*
— *Vale. Hasta el jueves entonces.*
● *Adiós.*

2. ¿Quieres venir al cine el miércoles?
● *¿Qué película vais a ver?*
— *«París-Texas».*
● *¡Ah! Sí, sí, que tengo muchas ganas de verla otra vez. La ponen en el Astoria, ¿no?*
— *Sí, y pensamos ir a la sesión de las ocho y media.*
● *Muy bien. Entonces podemos quedar en la puerta sobre las ocho.*
— *De acuerdo.*

3. Oye, tenemos que quedar un día para hablar despacio, ¿eh?
● *Sí, sí. Ya te llamaré otro día.*

4. ¿Diga?
● *¡Hola, Marta! Soy Juan Carlos.*
— *¡Hola!*
● *Mira, te llamo porque el viernes por la noche hemos quedado los de la clase para cenar. ¿Te apetece venir?*
— *¡Ah, fenomenal! No tengo nada que hacer el viernes.*
● *Pues... hemos quedado a las nueve en el restaurante.*
— *Muy bien. Dame la dirección.*
● *El restaurante se llama «La Chispa» y está en la calle del Prado, número quince.*
— *Vale, pues nos vemos el viernes.*
● *Una cosa, la mesa está a nombre de Miguel.*
— *¡Ah! ¿Pero va Miguel? ¿Cómo no me lo has dicho antes?*
● *No sé, es que...*
— *¡Ah! Si va Miguel, entonces yo no voy.*

5. Bueno, ¿por fin vamos el viernes al concierto?
● *Sí, sí. Ya te dije que sí.*
— *Es a la diez, pero si te parece, quedamos a las nueve.*
● *¡Huy! Demasiado pronto. Es que con los exámenes...*
— *Bueno, pues... a las diez menos cuarto en el bar de enfrente. ¿Te parece bien?*
● *Perfecto... oye, ¿y las entradas?*
— *Ya las saco yo esta tarde.*

a) Pida a los alumnos que elijan tres espectáculos de un periódico local y que los anoten en la agenda especificando cuándo los quieren ver.

b) Haga una demostración llamando por teléfono e invitando a tantos estudiantes como necesite hasta que dé con uno que acepte su invitación. A continuación pida a los alumnos que sigan el mismo procedimiento. Recuerde que es aconsejable que se coloquen de espaldas a los compañeros que deseen invitar.

a) Antes de que procedan al emparejamiento de las notas, suministre a sus alumnos la ayuda léxica necesaria para facilitar la comprensión de las mismas.

b) Recoja las invitaciones escritas por los alumnos y redistribúyalas entre los miembros de la clase.

c) Una vez escrita la respuesta, pídales que busquen al autor de la invitación y que se la devuelvan junto a la respuesta.

DESCUBRE ESPAÑA Y AMÉRICA LATINA

1 Los alumnos buscan en el cartel los datos pedidos.
Puesta en común en grupo-clase.

2 Sugiera a los alumnos que den más pistas a su compañero si fuera preciso (naciona-lidad de la película, antigüedad de la misma, etcétera).
Demuestre la actividad ante la clase.

a) Explique el significado de las palabras que conozcan los estudiantes.

b) El objetivo de esta actividad es resaltar una vez más la importancia de los gestos en el proceso comunicativo.
Realice alguna demostración, preferiblemente con el título de alguna película actualmente en cartelera.

LECCIÓN 15

Precalentamiento

Forme parejas y pídales que escriban todos los nombres de actividades de tiempo libre que recuerden. Gana la que escriba más nombres.

 a) Puede comenzar preguntando por la diferencia entre los verbos **quedar** (con alguien) y **quedarse** (en un lugar), incluidos en el diálogo con el que van a trabajar.

Invíteles a leerlo y facilite la comprensión de los alumnos si fuera preciso. Solicite las respuestas a las preguntas recogidas en el Libro del alumno y resalte que los interlocutores están hablando de **ayer**, palabra cuyo significado habrá de sonsacar o explicar.

b) Introduzca el nombre del tiempo verbal empleado en la conversación para hablar del pasado, y más concretamente de **ayer,** el **pretérito indefinido**. Acto seguido, propóngales que identifiquen en ella las formas verbales conjugadas en ese tiempo que correspondan a los infinitivos dados en el Libro del alumno.

Respuestas:

tomar-tomamos; volver-volvimos; salir-saliste; quedar-quedé; hacer-hiciste; venir-vino; ir-fuimos; estar-estuvimos.

FÍJATE EN LA GRAMÁTICA

Vaya diciendo usted en voz alta las formas verbales regulares presentadas en el cuadro a la vez que las identifican los alumnos. Destaque que los verbos regulares de la 2.ª y la 3.ª conjugación tienen las mismas terminaciones en pretérito indefinido.

Dirija unos ejercicios de repetición coral e individual. Preste atención al acento tónico: asegúrese de que lo colocan en la sílaba adecuada.

Después de haber conjugado entre todos los verbos regulares del cuadro, proponga un ejercicio oral del tipo:

(Profesor): «Tomar, usted».
(Alumno): «Tomó».

(Profesor): «Volver, yo».
(Alumno): «Volví».

A continuación trabaje con los verbos irregulares recogidos en el cuadro. Lleve a cabo básicamente los mismos pasos y haga otro ejercicio oral con verbos irregulares (si lo desea, puede finalizar alternándolos con verbos regulares):

(Profesor): «Hacer, tú».
(Alumno): «Hiciste».

(Profesor): «Ir, nosotras».
(Alumno): «Fuimos».

 Comente qué actividades de las mencionadas en el diálogo realizó también usted ayer. Luego, deles la posibilidad de preparar lo que le dirán al compañero. Supervise los diálogos que mantengan en parejas.

 Asegúrese de que comprenden las instrucciones. Además, es muy probable que recuerden las reglas del «Tres en raya», dado que ya practicaron ese juego en la actividad 5 del Repaso 1. Explique que el requisito para quedarse con una casilla es decir correctamente la forma verbal del indefinido solicitada o que los compañeros den el visto bueno; indíqueles que, en caso de desacuerdo, le consulten a usted. Realice alguna demostración antes de que empiecen a jugar.

Supervise el trabajo de los alumnos y tome nota de los problemas que tengan para abordarlos una vez finalizado el juego.

 a) Cada alumno señala las actividades que realizó ayer.

b) Sonsaque las preguntas que habrán de formular a sus compañeros. Forme grupos de tres alumnos e indíqueles que hagan las preguntas por turnos y que anoten las respuestas.

c) Comprueben quién de los tres realizó más de esas actividades ayer, se lo comentan a la clase y las especifican.

 Preste atención al acento tónico: asegúrese de que lo colocan en la sílaba adecuada. Dirija unos ejercicios de repetición coral e individual.

Tomé, volvimos, saliste, hicimos, viniste, estuvo, salí, tomamos, fueron, volví.

 a) Cada estudiante escribe tres frases expresando a qué hora realizó ayer tres actividades diferentes a las incluidas en el cuadro de 4a).

b) Practican el juego de las adivinanzas en parejas: un alumno dice una hora y el compañero trata de adivinar lo que hizo a esa hora; el primero responde «sí» o «no» y, si lo desea, puede dar alguna pista.

 Procedimiento: ver **escuchas selectivas**, página 6. En el paso n.° 1, puede pedirles que realicen una escucha de carácter general para responder a la pregunta «¿Cuál es el estado de ánimo de Mónica?».

Amigo: **Oye, Mónica, tú estás muy contenta hoy, ¿eh? ¿Y eso?**

Mónica: **Es que ayer tuve un día muy bueno.**

Amigo: **¡Ah! ¿Sí? Cuenta, cuenta...**

Mónica: **Pues, mira, por la mañana estuve en una clase de Psicología muy interesante y después hice un examen de inglés que me salió muy bien...**

Amigo: **¡Qué bien!**

Mónica: **Por la tarde estuve en el bar de la universidad celebrándolo con unos compañeros y luego fui a jugar al tenis con Javier y gané... ¡Es la primera vez que le gano!**

Amigo: **¡Anda! ¡Enhorabuena!**

Mónica: **Gracias, gracias. Y después, por la noche, pues salí con unas amigas. Cenamos en un restaurante y lo pasé estupendamente: me reí muchísimo.**

Amigo: **Y te acostaste tarde...**

Mónica: **Sí, a las dos.**

 a) Indíqueles que observen las ilustraciones y se centren en las acciones reflejadas en ellas; pregúnteles cómo se dicen en español.

b) Las contrastan con las informaciones dadas y señalan si estas son verdaderas o falsas. En la fase de corrección, limítese a confirmarlo.

c) Pídales que sustituyan las falsas por otras que se ajusten a las informaciones transmitidas por las imágenes. Compruébelo en la puesta en común y corríjalas con la ayuda de la clase.

 Diga usted alguna cosa graciosa que crea que hizo ayer la señora Paca e invite a los estudiantes a seguir su ejemplo (de esa forma, la actividad resultará más motivadora y entretenida).

Intercambian las frases con un compañero, corrigen las de este y comprueban si han coincidido en algo. Si lo desea, puede proponerles que informen a la clase de si acaban de leer algo que les parezca muy divertido.

 a) Después de que lean la ficha que les servirá de modelo en el siguiente apartado, puede solicitar los infinitivos correspondientes a las formas **conocí**, **dije** y **contestó**.

b) Supervise lo que vayan escribiendo y proporciónales la ayuda que precisen.

Leen la ficha en voz alta y averiguan si alguien ha escrito algo que les llame la atención o les parezca divertido. Puede brindarles la oportunidad de elegir entre todos la que más les guste.

 a) Deles el tiempo que necesiten para preparar lo que le contarán de manera detallada a un compañero con el que no hayan trabajado en parejas ni en pequeños grupos en esta lección.

Forme parejas para que mantengan el intercambio comunicativo propuesto.

b) Comprueban cuántas informaciones coinciden y se lo comentan a la clase para poder determinar en qué pareja se dan más coincidencias.

DESCUBRE ESPAÑA Y AMÉRICA LATINA

 Asegúrese de que han adivinado el significado de **plata** (metal precioso). Aproveche la ocasión para explicar que esa palabra también es sinónimo de **dinero**.

Compruebe si algún alumno conoce la relación existente entre el nombre de ese metal y el de Argentina. Es probable que alguno que posea conocimientos de latín la deduzca.

 Leen el texto, pudiendo consultar el diccionario si lo precisan, para extraer o confirmar la respuesta a la pregunta formulada en el apartado anterior.

Subrayan la opción correcta en cada una de las frases:

1. El nombre de Argentina es de origen **europeo**.

2. Los indígenas recibieron **bien** a los españoles que fueron con Juan Díaz de Solís.

3. Los **portugueses** fueron los primeros que usaron el nombre de Río de la Plata.

4. El nombre oficial de la República Argentina existe desde el año **1860**.

 Dirija un comentario en grupo-clase sobre las informaciones del artículo que los estudiantes juzguen más llamativas o interesantes.

REPASO 3

1
a) Después de asegurarse de que recuerdan el significado de las palabras y expresiones dadas, los alumnos las anotan teniendo en cuenta el orden en que realizan habitualmente esas actividades.

b) Comente usted lo que hace un día normal introduciendo algunas frases con los marcadores «luego», «después», «por la tarde», «normalmente», etcétera. Anime a sus alumnos a emplearlos en el texto que redacten.

c) Intercambian la información del texto con sus compañeros hasta que den con uno con el que coincidan en cuatro cosas.

d) El hecho de comunicar a la clase con quién coinciden y en qué permite a los alumnos practicar la 1.ª persona plural del presente.

2
a) Centre la atención de los alumnos en las expresiones que se pueden formar con las palabras «compra» y «compras»: «hacer la compra» e «ir de compras». Sonsaque la diferencia de significado existente entre ellas.

b) Asegúrese de que recuerdan las expresiones de frecuencia estudiadas en la lección 12 y cómo se usan antes de que escriban el texto solicitado.

Lo comparan con el del compañero para determinar si son compatibles para el fin de semana teniendo en cuenta las actividades de tiempo libre que realiza cada uno el sábado y el domingo.

3
a) Brinde a sus alumnos la oportunidad de consultar el Libro del alumno o su cuaderno para seleccionar los verbos que consideren más difíciles en pretérito indefinido y construir con ellos frases verdaderas o falsas sobre lo que hicieron ayer.

b) Indíqueles que, si lo necesitan, pueden formularle al compañero las preguntas que deseen para averiguar si ciertas informaciones son verdaderas o falsas.

4
a) Indique a los alumnos que pueden consultar sus cuadernos y sus libros de texto para buscar seis palabras o expresiones que les resulten difíciles.

b) Cada alumno explica al compañero las palabras o expresiones que este no entienda. A continuación incluyen todas en una lista y buscan las que necesitan para reunir doce diferentes.

c) Intercambian la lista con otra pareja e intentan escribir una frase con cada una de las palabras o expresiones que figuran en la lista que han recibido. Plantee la actividad a modo de juego: gana la pareja que logre construir un mayor número de frases correctas.

5
Pida a los alumnos que lean todas las frases y que soliciten la ayuda léxica que necesiten.

Explique las reglas del juego e infórmeles de que pueden decir lo que quieran y cuanto quieran sobre los temas propuestos. Haga una demostración.

Supervise el trabajo de los diferentes grupos y tome nota de los errores que cometen los alumnos para trabajar con los mismos en una posterior fase de revisión.

¿QUEDAMOS PARA SALIR?

Actividad integrada que permite la práctica de los contenidos lingüísticos anteriormente tratados.

A. Ayude a los estudiantes a resolver las dificultades léxicas que puedan tener.

Pídales que contrasten sus respuestas con las de su compañero.

Puesta en común en grupo-clase.

Respuestas:

1. el 29 de mayo; 2: en la Fundación Juan March; 3: Alan Rudolph; 4: Alain Delon; 5: dos (los días 5 y 9 de mayo).

B. Explique que en la conversación no se menciona la fecha para la que es la invitación (se habla de **mañana**).

Procedimiento: seguir los pasos sugeridos para las **escuchas selectivas** (página 6).

— ¿*Está Víctor?*
• *Sí, soy yo.*
— *¡Hola! Soy Concha. ¿Qué tal?*
• *Bien... un poco cansado, pero bien. ¿Y tú?*
— *Bueno... pues como siempre. ¿Nos vemos mañana?*

- *Vale. ¿Qué tienes pensado?*
— *Hay una película de Alain Delon que me han dicho que está muy bien.*
- *¡Ah! Pues podemos ir a verla. ¿En qué cine la ponen?*
— *En el Alexandra, muy cerca de tu casa.*
- *Perfecto. Y... ¿cómo quedamos?*
— *No sé. La ultima sesión empieza a las diez y media... podríamos quedar a las diez.*
- *¡Uff...! Es tardísimo. ¿Por qué no vamos a la sesión de las siete?*
— *Bueno, vale. Entonces quedamos a las seis y media.*
- *De acuerdo. En la puerta del cine. Hasta mañana.*
— *Adiós.*

C. Escriba en la pizarra los títulos y los nombres de los directores y actores de las tres películas que aparecen en el calendario:

«Dancing Machine», Alain Delon.
«Amor perseguido», Alan Rudolph.
«Escenas en una galería», Woody Allen.

Pregúnteles si conocen esas películas o a esos personajes.

Pídales que escuchen de nuevo la grabación para comprobar qué película van a ver las dos personas que han quedado.

Respuestas: «Dancing Machine». En ella interviene Alain Delon.

Informe a los alumnos de que la citada película solo será proyectada el día 10 de mayo. Dado que ya saben que las dos personas han decidido verla **mañana**, no les resultará difícil calcular qué día tiene lugar la conversación (el 9 de mayo, jueves).

En marcha

Procedimiento: véase página 7, **simulaciones**.

Puede sugerir a los alumnos que, si el compañero al que llamen por teléfono no acepta su invitación, telefoneen a otro que sí lo haga.